Historia y genealogía de la familia Donoso

Daniel cortés González

ISBN: 978-1-326-20258-3

En memoria del Excelentísimo Señor
Don Ricardo Donoso-Cortés y Mesonero-Romanos,
quinto marqués de Valdegamas.

"Es tierra bastante habitable y que produce famosas razas de hombres. De esta tierra de que vengo hablando salieron algunos de los potentes conquistadores cuyos iguales no se han conocido jamás ni antes ni después, domadores de caballos y dominadores del mundo..."
Salvador de Madariaga (sobre Extremadura)

Don Pedro Donoso-Cortés. Ascendientes y descendientes del segundo Marqués de Valdegamas (del siglo XVI al siglo XXI).

Índice

Presentación.

Este estudio genealógico abre una ventana en el tiempo, echa una mirada a los ancestros de una de las familias más importante de la Ciudad de Don Benito, pone a cada uno de sus miembros en el contexto histórico en que vivieron, las fechas y lugares de sus nacimientos, matrimonios y defunciones, tipo de ocupación, eventos que se dieron y que afectaron las vidas y logros de los Donoso-Cortés y del entorno histórico en que vivieron.

El trabajo incluye anécdotas e incluso pequeñas reseñas biografías, además de datos referente a cargos que ocuparon en el campo de lo político, en lo militar, eclesiástico, o llanamente hubiesen logrado relevancia dentro de la propia familia.

La información sobre algunos familiares relevantes ha sido naturalmente más fácil de obtener que otros de menor notoriedad, los que han requerido una labor de investigación más ardua.
Podría haber realizado el estudio genealógico de cualquier otra familia dombenitense, como las apellidadas Torre-Isunza, Solo de Zaldívar, Campos de Orellana, Granda... todas ellas familias importantes que han vivido en Don Benito, pero esta es la más conocida no solo a nivel local, sino nacional e incluso internacionalmente.

Existen trabajos genealógicos que se encuentran relacionados con Don Benito como son "Un linaje extremeño: los Moreno de Don Benito", realizado en 1975 por Joaquín Moreno y Manuel Nieto, o el trabajo más reciente, "Genealogía de los Condes de Medellín", que es una Conferencia pronunciada en Agosto de 2011 por el historiador metelinense José María Custodio Simón.

Lo primero al iniciar una investigación genealógica es recopilar la mayor cantidad de antecedentes a través de dos fuentes: orales y documentales; cosa que he realizado a través de entrevistas con

11

varios familiares y visualizando documentos familiares, de registros civiles, eclesiásticos y notariales, así como diferentes publicaciones sobre la familia.

Este trabajo tiene principalmente la finalidad de proporcionar una herramienta que pueda ser útil a los historiadores en la investigación sobre la familia del que fue primer Marqués de Valdegamas, y a los que gustan de la genealogía.

El autor.

1. Donoso y Cortés. La incógnita de dos apellidos que acaban siendo uno compuesto.

Según el trabajo sobre heráldica del abogado y genealogista Fernando González-Doria y Durán de Quiroga, Jefe de la Sección de Títulos Nobiliarios del Ministerio de Justicia en los años 80-90 del siglo XX, el escudo de armas de los Donoso es *"en campo de oro, un árbol copado de sinople y dos osos de su color, acollarados de azur, atados al tronco con una cuerda también de azur"*[1]. La familia Donoso es oriunda de Aragón, siendo la que a nosotros nos interesa procedente de la villa de Campanario. Esta familia siempre ha sido considerada en Campanario como nobles, ocupando en varias ocasiones cargos en el Ayuntamiento de Campanario, por el estado de hijosdalgo.

En cuanto a las armas del apellido Cortés, el filósofo y teólogo vallejo Antonio Pérez Carrasco, nos dice en su trabajo[2] que *"el escudo de armas de los Cortés de Don Benito era idéntico al de los aragonesa Calatayud"*. Pérez Carrasco cuenta que el dombenitense Don Pedro Donoso-Cortés y Recalde Pavón había escuchado, tanto a su padre como a su abuelo, decir *"que el linaje Cortés era oriundo de Aragón, Calatayud, de donde una rama pasó a Terrer y del fundador de ésta, Hernán Ruiz Cortés, descienden los Cortés extremeños"*; así mismo dice Pérez Carrasco que Don Francisco Fernández-Canedo, suegro de Don Pedro, le contó

---

[1] GONZÁLEZ-DORIA, F.: *Diccionario Heráldico y Nobiliario*, Trigo Ediciones S.L., Madrid, 2000.
[2] PÉREZ CARRASCO, A.: *La esfinge de cristal*, ADEPA VALLE S, Valle de la Serena, 2009.

13

a éste que *"su familia descendía de Narciso Cortés de Arévalo, que era en 1670 Caballero de Santiago en Don Benito"*. Según el auto que se realizó para reconocer el escudo del sepulcro familiar de Narciso Cortés de Arévalo en la Iglesia Parroquial de Santiago Apóstol de Don Benito, los Cortés de Don Benito tendrían *"un escudo de armas con su celada y morrión, y con cuatro cuarteles. Y en el cuartel superior del lado derecho esta un león con un águila encima; y en el que le corresponde en la parte inferior, esta una insignia o hábito de la Inquisición. Y en el lado siniestro, en el cuartel superior tiene tres coronas; Y en el inferior que le corresponde tiene ocho cabezas y un perro debajo de ellos; Y el dicho escudo tiene un hábito de Santiago por orla"*[3].

El momento de unión del apellido Donoso con el apellido Cortés es actualmente toda una incógnita. La unión de los dos apellidos desencadenó en un escudo de armas común partido, con una banda de oro engolada en dragantes, con un lobo paseante encima y otro debajo; en el otro lado cuatro palos de gules. La bordadura general lleva ocho cruces de Jerusalén, en plata.

Muchos han sido los miembros de esta familia que han ocupado algún cargo en el Ayuntamiento de Don Benito e incluso en el Reino de España, como también son varios los que beneficiaron a Don Benito con su fortuna personal.

Cabe decir también que esta ilustre y rica familia emparentó por medio de enlaces matrimoniales con otras importantes y

---

3 CORTÉS GONZÁLEZ, D.: "El Caballero Don Narciso Cortés de Arévalo", Revista *Caramanchos* n° 13, Grupo de Promoción del Folklore Extremeño "Caramancho", Don Benito, 2012.

14

ricas familias de Don Benito como los García de Paredes, Campuzano, Peralta, Solo de Zaldívar y Torre-Isunza, entre otros apellidos.

2. ¿Descendientes de Hernán Cortés?

Hace poco me facilito Doña Carmen Fernández-Daza y Álvarez, Directora del Centro Cultural "Santa Ana" de Almendralejo, un árbol genealógico titulado "Ascendencia del célebre político español Juan Donoso Cortés", cuyo autor es Don Joaquín Moreno López, miembro de Número del Instituto Chileno de Investigaciones Genealógicas (I.CH.I.G). En este árbol genealógico he podido comprobar que Moreno López hace descendiente al primer marqués de Valdegamas, Don Juan Donoso-Cortés y Fernández-Canedo, de una tal Inés Cortés, a la sazón hermana del Conquistador de México, Hernando Cortés de Monroy y Pizarro.

El historiador carmonense Esteban Mira Caballos, en el trabajo que realizó sobre el Conquistador de México[4], nos adentró en la trama genealógico-familiar del Conquistador de México.

El doctor Mira Caballos nos cuenta en su trabajo que Hernán Cortés fue hijo de Martín Cortés "el Joven", que a su vez era hijo de Martín Cortés "el Viejo", quien el 3 de Julio de 1431 fue nombrado Caballero de la Espuela Dorada por el Rey Juan II de Castilla.

Según los datos aportados por Mira Caballos, el abuelo paterno del Conquistador de México tuvo, además del padre de éste, a cuatro varones y dos hembras, es decir, un total de seis hijos, que son los siguientes: Hernán, Juan, Alonso y Martín, los varones; referente al nombre de las hembras,

---

[4] MIRA CABALLOS, E.: Hernán Cortés. El fin de una leyenda, Palacio de los Barrantes Cervantes S.L., 2010.

Mira Caballos aporta entre interrogantes los nombres de Leonor y María. Todos los tíos del Conquistador vivieron en Don Benito, aportando la mayoría una larga descendencia que llega hasta nuestros días.

No sabemos con certeza si Martín Cortés, padre del Conquistador, tuvo o no más hijos, y tampoco que, en el caso de haberlos tenido, fueron varones o hembras. Moreno López, según el árbol genealógico que realizó, hace a Hernán Cortés hermano de la dicha Inés Cortés, referida anteriormente.

Imposible es que el primer marqués de Valdegamas fuese descendiente del Conquistador de México, pues no se encuentra entre sus descendientes legítimos y naturales. Prefiero aferrarme a la afirmación que realiza Moreno López, haciendo a los Donoso-Cortés descendientes de una hermana de Hernán Cortés.

La familia Cortés habita desde antaño las tierras de Don Benito, entonces pertenecientes al hoy extinto Condado de Medellín.

Como ya he dicho, aunque diferentes investigadores dicen que los Donoso-Cortés son descendientes del Conquistador de México, es totalmente improbable, aunque si puede ser posible que desciendan de la dicha hermana, Inés Cortés.
El investigador y genealogista Don Joaquín Moreno López ha recopilado durante décadas documentación referente a su estudio genealógico sobre los Moreno, defendiendo que Hernán Cortés tuvo con seguridad dos hermanas, e incluso pudo tener probablemente hasta cinco.

18

Los antiguos cronistas e historiadores tratan como cuñados del Conquistador, en sus textos, a los siguientes personajes históricos: Juan López de Palacios Rubios (jurista cuyo verdadero nombre era Juan López de Vivero), Francisco de las Casas, Blasco Hernández y Diego Valadés (nacido en 1501 en Villanueva de Barcarrota, hijo de Alonso Valadés y Catalina de Retamosa. Apodado "el Viejo").

Del primero de los personajes citados, Juan López de Palacios Rubios, podemos decir que contrajo matrimonio con Mayor de Vivero; del segundo, Francisco de las Casas, que casó con María de Aguilar; así como Diego Valadés, cuarto de ellos, casó con Catalina Rodríguez de Sevilla. Es por tanto que los citados personajes, o al menos tres de ellos, no pudieron ser cuñados del Conquistador de México.

Moreno López, en cambio, si tiene muy bien documentados dos casos de hermanas del Conquistador, María e Inés Cortés.

María Cortés contrajo matrimonio con Rodrigo de Monroy y, según un árbol genealógico confeccionado por Vicente Barrantes Moreno, poeta y bibliófilo extremeño, y conservado en la Colección Vicente Barrantes del Archivo de la Real Monasterio de Santa María de Guadalupe, ésta María Cortés era hermana del conquistador Hernán Cortés.

Por otra parte, Inés Cortés desposó con Alonso Moreno, con quien tuvo un hijo al que llamaron Martín (como el padre y abuelo de Inés, ¿casualidad?), quien a su vez casó con María Donosa, pareciendo indicar todo que era otra de las hermanas del Conquistador Hernán Cortés; y por el matrimonio de éste Martín, la antepasada de los Donoso-Cortés de Don Benito.

Debido a todo lo comentado anteriormente, puedo asegurar con toda claridad que los Donoso-Cortés no descienden del Conquistador de México, Hernán Cortés, tal y como suele escribirse, sino de una hermana de éste, Inés Cortés.

3. Genealogía de la familia Donoso-Cortés.
3.1. Descendencia de Inés Cortés.

Inés Cortés nace en Don Benito, contrayendo matrimonio con Alonso Moreno, nacido en Don Benito alrededor de 1490, hijo de Toribio Moreno García (*1460), Caballero hijosdalgo notorio, y de Beatriz García de las Heras, hijosdalga; ambos vecinos de Don Benito. Son abuelos paternos del marido de Inés Cortés, Juan Moreno (*1420), Mayoral del Monasterio de Santa María de Guadalupe, y María García. Juan Moreno obtuvo el privilegio de hidalguía en Plasencia el 8 de marzo de 1468. Alonso Moreno tenía por hermanos a Luis y Juan Moreno. El matrimonio formado por Alonso Moreno e Inés Cortés tuvo dos hijos llamados Bartolomé y Martín Cortés.

Bartolomé Cortés nació en Don Benito. Licenciado.

Martín Cortés nació en Don Benito alrededor de 1520. Contrajo segundas nupcias con María Donosa. Desconocemos el nombre de la primera mujer. El matrimonio tuvo al menos tres hijos llamados Sebastián, Pedro y Juan Cortés.

Sebastián Cortés contrajo matrimonio con Catalina Fernández el 22 de marzo de 1615[5], en la Iglesia Parroquial de Santiago Apóstol de Don Benito.

Pedro Cortés fue bautizado en Don Benito el 24 de enero de 1570[6].

Juan Cortés fue bautizado en Don Benito el 1 de enero de 1568[7]. Contrajo primeras nupcias con María Cortés (también María Díaz). El matrimonio tuvo al menos tres hijos llamados María Cortés, Diego Cortés y Juan Donoso.

María Cortés contrajo matrimonio, en la Iglesia Parroquial de Santiago de Don Benito, el 20 de enero de 1629[8] con Domingo Gómez Hernández.

Diego Cortés contrajo matrimonio en el año 1830 con María Sánchez, hija de Fernando Gallego e Inés García.

Juan Donoso nació en Don Benito, siendo bautizado el 23 de mayo de 1598[9]. Contrajo matrimonio con María Parras. El matrimonio

---

[5] Archivo Parroquial de la Iglesia de Santiago Apóstol de Don Benito, Libro de casados 1, Folio 77.

[6] Archivo Parroquial de la Iglesia de Santiago Apóstol de Don Benito, Libro de bautismos 1, Folio 144.

[7] Archivo Parroquial de la Iglesia de Santiago Apóstol de Don Benito, Libro de bautismos 1, Folio 130v.

[8] Archivo Parroquial de la Iglesia de Santiago Apóstol de Don Benito, Libro de casados 1, Folio 173.

[9] Archivo Parroquial de la Iglesia de Santiago Apóstol de Don Benito, Libro de bautismos 2, Folio 210.

tuvo al menos dos hijos llamados Fernando y Juan Donoso.

Fernando Donoso. Aparece como padrino de bautismo de sus sobrinos, llamados Juan y Bartolomé Donoso-Cortés y Paredes.

Juan Donoso nació en Don Benito en el año 1629. Casó en la villa de Campanario el 19 de enero de 1661 con Isabel de Paredes Palomo (también conocida como Isabel Paredes Palomino), hija de Alonso Palomo y María González de Paredes. Es posible que Juan tomase como segundo apellido el primero de su abuelo paterno, de ahí que fuese también conocido como Juan Donoso Cortés. A partir de aquí todos sus descendientes serán conocidos por el apellido compuesto Donoso-Cortés, por lo que podemos decir que aquí se formó la unión de los dos apellidos, convirtiéndose en uno solo compuesto. El matrimonio tuvo al menos dos hijos llamados Bartolomé y Juan Donoso-Cortés y Paredes.

Bartolomé Donoso-Cortés y Paredes nació en Campanario el 30 de mayo de 1666, siendo bautizado el 1 de junio del mismo año. Fue su padrino su tío Fernando Cortés. Casó en Don Benito el 27 de marzo de 1684[10], en primeras nupcias, con Agustina Rodríguez Pérez.

---

[10] Archivo Parroquial de la Iglesia de Santiago Apóstol de Don Benito, Libro de casados 3, Folio 31v.

Volvió a casarse en Campanario, en segundas nupcias, con Catalina Cavanilla. Del segundo matrimonio tuvo al menos un varón llamado Juan Donoso Cortés y Paredes Cavanilla. Bartolomé se estableció en Campanario, convirtiéndose en el fundador de la rama de los Donoso en esa villa.

Juan Donoso-Cortés y Paredes nació en Campanario el 7 de octubre de 1661, siendo bautizado el día 15 del mismo mes y año. Fue Regidor del Estado de Hijosdalgo de Don Benito en el año 1710, así como también Alcalde de Don Benito por el Estado Noble en 1717. Casó en Don Benito, en primeras nupcias, el 27 de marzo de 1684[11], con Ana Rodríguez Cortés. El 21 de abril de 1706[12] volvió a contraer segundas nupcias en Don Benito, esta vez con María Rodríguez Sánchez. Contrajo unas terceras nupcias en Don Benito, el 22 de agosto de 1717[13], con María Carrasco-Peñafiel y Carrasco-Cortés; sin sucesión. Del segundo matrimonio tuvo al menos un hijo llamado Juan Donoso-Cortés Rodríguez (ver Descendencia de Juan Donoso-Cortés y Paredes).

---

[11] Archivo Parroquial de la Iglesia de Santiago Apóstol de Don Benito, Libro de casados 3, Folio 31v.

[12] Archivo Parroquial de la Iglesia de Santiago Apóstol de Don Benito, Libro de casados 3, Folio 301.

[13] Archivo Parroquial de la Iglesia de Santiago Apóstol de Don Benito, Libro de casados 4, Folio 105v.

3.2. Descendencia de Juan Donoso-Cortés y Paredes.

Juan Donoso-Cortés Rodríguez nace en Don Benito alrededor de 1689 (12/1708 ó 01/1709) y falleció en la misma Ciudad el 20 de junio de 1773[14]. Casó en la Iglesia Parroquial de Santiago Apóstol de Don Benito, el 3 de agosto de 1726[15], con Josefa López Gómez. El matrimonio tuvo al menos dos hijos llamados Agustín y Francisco Donoso-Cortés López.

Agustín Donoso-Cortés López. Contrajo matrimonio en Don Benito el 25 de febrero de 1756[16] con Inés García de Paredes y Paredes. **Francisco Joseph Donoso-Cortés López** nació en Don Benito el 28 de enero de 1730[17]. Falleció también en Don Benito el 04 de agosto de 1795[18]. Casó en la Iglesia Parroquial de Santiago Apóstol de Don Benito, el 27 de noviembre de 1747[19], con Josefa Francisca García de Paredes y Paredes. El matrimonio tuvo cuatro hijos llamados Juan, Francisco, María y Antonia Donoso-Cortés y García de Paredes.

---

[14] Archivo Parroquial de la Iglesia de Santiago Apóstol de Don Benito, Libro de defunciones 6, Folio 181v-182.
[15] Archivo Parroquial de la Iglesia de Santiago Apóstol de Don Benito, Libro de casados 4, Folio 240-240v.
[16] Archivo Parroquial de la Iglesia de Santiago Apóstol de Don Benito, Libro de casados 7, Folio 71.
[17] Archivo Parroquial de la Iglesia de Santiago Apóstol de Don Benito, Libro de bautismos 11, Folio 160v.
[18] Archivo Parroquial de la Iglesia de Santiago Apóstol de Don Benito, Libro de defunciones 9, Folio 6.
[19] Archivo Parroquial de la Iglesia de Santiago Apóstol de Don Benito, Libro de casados 6, Folio 84.

Juan Melquiades Donoso-Cortés y García de Paredes nació en Don Benito el 10 de diciembre de 1755[20]. Falleció en la misma Ciudad el 11 de julio de 1813[21]. Casaron en Don Benito en el año 1774, en la Iglesia Parroquial de Santiago Apóstol, con Vicenta Recalde Pavón y Salvador, natural de Talavera la Vieja (en algunas partidas de bautismo de sus nietos aparece como natural de Casatejada) e hija de Jacinto Recalde Pabón y Ana María Salvador. Vicenta falleció en Don Benito el 3 de noviembre de 1832[22]. El matrimonio tuvo siete hijos llamados Bruno María, Pedro León, Francisco Vicente, Antonio Bernabé, Manuel Ynocentes, Juan María y Vicenta Senapia Donoso-Cortés y Recalde Pavón.

Bruno María Donoso-Cortés y Recalde Pavón nació en Don Benito el 6 de octubre de 1777.[23]
Pedro León Donoso-Cortés y Recalde Pavón nació en Don Benito el 28 de junio de 1780[24]. Estudia Derecho en la Universidad de

---

[20] Archivo Parroquial de la Iglesia de Santiago Apóstol de Don Benito, Libro de bautismos 17, Folio 76.
[21] Archivo Parroquial de la Iglesia de Santiago Apóstol de Don Benito, Libro de defunciones 11, Folio 115v-116.
[22] Archivo Parroquial de la Iglesia de Santiago Apóstol de Don Benito, Libro de defunciones 12, Folio 385-385v.
[23] Archivo Parroquial de la Iglesia de Santiago Apóstol de Don Benito, Libro de bautismos 22, Folio 280v.
[24] Archivo Parroquial de la Iglesia de Santiago Apóstol de Don Benito, Libro de bautismos 23, Folio 151.

Alcalá de Henares. Ocupó los cargos de Abogado de los Reales Consejos, diputado provincial de Extremadura y Alcalde de Don Benito en dos ocasiones (interinamente, 13/03/1820-04/11/1823). A la muerte de su segundo hijo el 3 de mayo de 1853, se convierte en el segundo marqués de Valdegamas. Fallece en Don Benito el 2 de febrero de 1854[25]. Casó con María Elena Nicolasa Fernández-Canedo y Fernández-Canedo, en la Iglesia Parroquial de Santiago Apóstol de Don Benito, el 9 de febrero de 1907[26]. María Elena nació en Don Benito el 18 de agosto de 1784[27] y falleció en la misma Ciudad el 10 de julio de 1856[28], siendo hija de Francisco Fernández-Canedo Rodríguez y Juana Martina Fernández-Canedo Pérez. El matrimonio tuvo once hijos llamados Juan Josef, Juan Francisco, Pedro María, Manuel, Francisco, María Josefa, Antonio, Ramón Domingo, Elena, María Manuela y Eusebio Donoso-Cortés y Fernández-Canedo (ver *Descendencia de Pedro León Donoso-Cortés y Recalde Pavón*).

---

[25] Archivo Parroquial de la Iglesia de Santiago Apóstol de Don Benito, Libro de defunciones 17, Folio 6v-7.

[26] Archivo Parroquial de la Iglesia de Santiago Apóstol de Don Benito, Libro de casados 11, Folio 68v.

[27] Archivo Parroquial de la Iglesia de Santiago Apóstol de Don Benito, Libro de bautismos 24, Folio 252.

[28] Archivo Parroquial de la Iglesia de Santiago Apóstol de Don Benito, Libro de defunciones 18, Folio 31v.

Francisco Vicente Donoso-Cortés y Recalde Pavón nació en Don Benito el 27 de octubre de 1782[29] y fallece en la misma Ciudad el 29 de enero de 1805[30], soltero y sin descendencia.

Antonio Bernabé Donoso-Cortés y Recalde Pabón nació en Don Benito el 11 de junio de 1785[31].

Manuel Ynocentes Donoso-Cortés y Recalde Pavón nació en Don Benito el 28 de diciembre de 1787[32] y fallece en la misma Ciudad el 24 de diciembre de 1828[33]. Casó en Don Benito el 3 de diciembre de 1827[34], en la Iglesia Parroquial de Santiago Apóstol, con Francisca de los Dolores Parejo y González de Valverde, viuda de Isidro Sánchez Aumada, con la que al menos tuvo dos hijos llamados Ramón Ezequiel y Vicenta Donoso-Cortés Parejo (ver *Descendencia de Manuel Ynocentes Donoso-Cortés y Recalde Pavón*).

---

[29] Archivo Parroquial de la Iglesia de Santiago Apóstol de Don Benito, Libro de bautismos 24, Folio 67v-68.

[30] Archivo Parroquial de la Iglesia de Santiago Apóstol de Don Benito, Libro de defunciones 10, Folio 15v.

[31] Archivo Parroquial de la Iglesia de Santiago Apóstol de Don Benito, Libro de bautismos 25, Folio 11v.

[32] Archivo Parroquial de la Iglesia de Santiago Apóstol de Don Benito, Libro de bautismos 25, Folio 203v.

[33] Archivo Parroquial de la Iglesia de Santiago Apóstol de Don Benito, Libro de defunciones 12, Folio 222-222v.

[34] Archivo Parroquial de la Iglesia de Santiago Apóstol de Don Benito, Libro de casados 14, Folio 48.

Juan María Donoso-Cortés y Recalde Pavón nace en Don Benito el 9 de septiembre de 1792[35] y fallece en la misma Ciudad el 21 de mayo de 1856[36]. Contrajo matrimonio en 1818 con Jacoba Garoz y Zayas, nacida el 25 de julio de 1799 en Los Yébenes (Toledo). El matrimonio vivió en la calle Mesones de Don Benito, no dejando sucesión. Juan ostentó los cargos de Coronel Graduado de Infantería de los Reales Ejércitos, Teniente Capitán del Batallón de La Serena, Capitán Comandante de una Compañía de Tiradores, Primer Comandante de Carabineros de Madrid, Comandante del Resguardo de Extremadura, Gobernador Militar de la plaza de Alburquerque (14/10/1836-09/06/1839), Teniente de Rey de la plaza de Badajoz (01/1838-03/1839), Jefe de Estado Mayor, Superintendente de la Fábrica de Moneda de Sevilla, Jefe Superior de Hacienda, Mayordomo de semana de S.M. y condecorado con varias cruces de distinción.

Vicenta Senapia Donoso-Cortés y Recalde Pavón nació en Don Benito el 14 de noviembre de 1796[37] y fallece también en Don Benito el 29 de agosto de 1869[38]. Casó

---

[35] Archivo Parroquial de la Iglesia de Santiago Apóstol de Don Benito, Libro de bautismos 27, Folio 11v.

[36] Archivo Parroquial de la Iglesia de Santiago Apóstol de Don Benito, Libro de defunciones 18, Folio 10.

[37] Archivo Parroquial de la Iglesia de Santiago Apóstol de Don Benito, Libro de bautismos 28, Folio 78.

en la Iglesia Parroquial de Santiago de Don Benito el 11 de febrero de 1819[39] con Pedro Leoncio Tomás Ramón de Torres y Sunza y Sánchez-Pajares (12/09/1801[40]-30/04/1871[41]), Comendador de la Real y distinguida Orden Americana de Isabel la Católica. El matrimonio tuvo al menos seis hijos llamados Pedro Vicente, José, Cesáreo, Amalia, Elisa y Petra de Torre-Isunza y Donoso-Cortés (ver *Descendencia de Vicenta Senapia Donoso-Cortés y Recalde Pavón*).

Francisco Donoso-Cortés y García de Paredes. Contrajo matrimonio en Don Benito el 12 de junio de 1775[42] con Manuela González Cortés. El matrimonio tuvo al menos una hija llamada María Carlos Donoso-Cortés y González.

María Carlos Donoso-Cortés y González nació en Don Benito el 5 de noviembre de 1778[43].

---

[38] Archivo Parroquial de la Iglesia de Santiago Apóstol de Don Benito, Libro de defunciones 23, Folio 208v.
[39] Archivo Parroquial de la Iglesia de Santiago Apóstol de Don Benito, Libro de casados 12, Folio 229.
[40] Archivo Parroquial de la Iglesia de Santiago Apóstol de Don Benito, Libro de bautismos 29, Folio 40.
[41] Archivo Parroquial de la Iglesia de Santiago Apóstol de Don Benito, Libro de defunciones 24, Folio 107v.
[42] Archivo Parroquial de la Iglesia de Santiago Apóstol de Don Benito, Libro de casados 8, Folio 224.
[43] Archivo Parroquial de la Iglesia de Santiago Apóstol de Don Benito, Libro de bautismos 23, Folio 18v.

María Donoso-Cortés y García de Paredes. Contrajo matrimonio en Don Benito el 21 de agosto de 1779[44] con Agustín Roldán Gómez.

Antonia Donoso-Cortés y García de Paredes. Contrajo matrimonio en Don Benito el 9 de octubre de 1791[45] con Juan Santos García-Molina, viudo entonces de María Eugenia Ximénez Ruiz de Paredes, con la que casó en Don Benito, en primeras nupcias, el 12 de mayo de 1788[46].

3.3. Descendencia de Manuel Ynocentes Donoso-Cortés y Recalde Pavón.

Vicenta Donoso-Cortés Parejo nació en Don Benito en 1824. Contrajo matrimonio en Don Benito, el 3 de junio de 1853[47], con Juan de

---

[44] Archivo Parroquial de la Iglesia de Santiago Apóstol de Don Benito, Libro de casados 9, Folio 44.

[45] Archivo Parroquial de la Iglesia de Santiago Apóstol de Don Benito, Libro de casados 10, Folio 32.

[46] Archivo Parroquial de la Iglesia de Santiago Apóstol de Don Benito, Libro de casados 9, Folio 182v.

[47] Archivo Parroquial de la Iglesia de Santiago Apóstol de Don Benito, Libro de

Medina y Jiménez, nacido en 1823 en Almería y Secretario del Ayuntamiento de Don Benito desde el 14 de octubre de 1856 hasta octubre de 1868. El matrimonio tuvo por fruto seis hijas llamadas María Dolores, María Manuela, Petra María, Francisca María, María del Pilar y Sacramento de Medina Donoso-Cortés.

María de los Dolores Ramona Vicenta Victoriana Agustina de Medina Donoso-Cortés nació en Don Benito el 23 de marzo de 1854[48]. Contrajo matrimonio en Don Benito, el 5 de abril de 1875[49], con Manuel Federico Ruiz y Donoso-Cortés (18/07/1850-19/10/1914), profesor de Medicina y Cirugía. Tuvieron ocho hijos llamados José María, Vicente, Antonio, María Teresa, Jesús, Manuel, María del Pilar y María Francisca Ruiz de Medina.

José María Juan de Dios Ruiz de Medina nació en Don Benito el 8 de marzo de 1876[50] y falleció en la misma el 6 de octubre de 1946[51]. De profesión abogado. Contrajo matrimonio

---

casados 17, Folio 54v.
[48] Archivo Parroquial de la Iglesia de Santiago Apóstol de Don Benito, Libro de bautismos 53, Folio 30v.
[49] Archivo Parroquial de la Iglesia de Santiago Apóstol de Don Benito, Libro de casados 22, Folio 16v.
[50] Archivo Parroquial de la Iglesia de Santiago Apóstol de Don Benito, Libro de bautismos 69, Folio 7v.
[51] Archivo Parroquial de la Iglesia de Santiago Apóstol de Don Benito, Libro de bautismos 36, Folio 43v.

en Don Benito el 24 de noviembre de 1919[52] con Teresa de Peralta y Torres-Cabrera.

Vicente Agustín Manuel Julián Ruiz de Medina nació en Don Benito el 16 de marzo de 1879[53]. Abogado y Juez Municipal de Don Benito. Licenciado en Filosofía y Letras. Primer Director de la Escuela Elemental de Trabajo de Don Benito (1929-24/05/1944). Contrajo matrimonio con ¿? Sáenz Gómez-Valadés. Con descendencia.

Antonio Gregorio Leandro Ruiz de Medina nació en Don Benito el 12 de marzo de 1881[54]
.

María Teresa de Jesús Francisca Ruiz de Medina nació en Don Benito el 13 de febrero de 1883[55]. Contrajo matrimonio en Don Benito el 8 de septiembre de 1904[56] con Francisco Solo de Zaldívar y Fernández-Ruitiña (1865-24/10/1916), viudo de Francisca María de la Natividad de Medina Donoso-Cortés.

---

[52] Archivo Parroquial de la Iglesia de Santiago Apóstol de Don Benito, Libro de casados 25-26, Folio 199.
[53] Archivo Parroquial de la Iglesia de Santiago Apóstol de Don Benito, Libro de bautismos 71, Folio 126.
[54] Archivo Parroquial de la Iglesia de Santiago Apóstol de Don Benito, Libro de bautismos 73, Folio 67v.
[55] Archivo Parroquial de la Iglesia de Santiago Apóstol de Don Benito, Libro de bautismos 75, Folio 6.
[56] Archivo Parroquial de la Iglesia de Santiago Apóstol de Don Benito, Libro de casados 25-26, Folio 36v.

Jesús María del Pilar José Emeterio Ruiz de Medina nació en Don Benito el 3 de marzo de 1885[57].

Manuel Francisco Agustín Ruiz de Medina nació en Don Benito el 15 de abril de 1887[58]. Contrajo matrimonio en Don Benito el 15 de mayo de 1915[59] con María Josefa Ruiz Parejo. **María del Pilar de los Ángeles Ruiz de Medina** nació en Don Benito el 2 de octubre de 1889[60]. Contrajo matrimonio el 5 de abril de 1920 con Matías Sánchez.

María Francisca Javiera Ruiz de Medina nació en Don Benito el 3 de diciembre de 1891[61]. Contrajo matrimonio el 13 de junio de 1939, en la Iglesia Parroquial de Santa María, con Pablo Torres Campomanes.

María Manuela Eugenia de Medina Donoso-Cortés nació en Don Benito el 15 de noviembre de 1857[62]. Falleció en la misma

---

[57] Archivo Parroquial de la Iglesia de Santiago Apóstol de Don Benito, Libro de bautismos 75, Folio 369.
[58] Archivo Parroquial de la Iglesia de Santiago Apóstol de Don Benito, Libro de bautismos 75, Folio 336.
[59] Archivo Parroquial de la Iglesia de Santiago Apóstol de Don Benito, Libro de casados 25-26, Folio 160-160v.
[60] Archivo Parroquial de la Iglesia de Santiago Apóstol de Don Benito, Libro de bautismos 77, Folio 366v.
[61] Archivo Parroquial de la Iglesia de Santiago Apóstol de Don Benito, Libro de bautismos 78, Folio 309.
[62] Archivo Parroquial de la Iglesia de Santiago Apóstol de Don Benito, Libro de

Ciudad el 24 de mayo de 1923[63], a consecuencia de hemorragia cerebral. Contrajo matrimonio con Gabriel de Medina y González de Balbuena, natural de Sancti-Spíritus (Badajoz).

Petra María Ramona de Medina Donoso-Cortés nació en Don Benito el 19 de mayo de 1859[64].

Francisca María de la Natividad de Medina Donoso-Cortés nació en Don Benito el 25 de diciembre de 1860[65]. Contrajo matrimonio en Don Benito el 20 de octubre de 1886[66] con Francisco Solo de Zaldívar y Fernández-Ruitiña (1865-24/10/1916), quien casó en segundas nupcias con su sobrina María Teresa de Jesús Francisca Ruiz de Medina. El matrimonio tiene seis hijos llamados Juan Francisco, Antonia, Vicente, Emilia, Manuel y José Ramón Solo de Zaldívar y Medina.

Juan Francisco Manuel Vicente Ramón Eusebio Solo de Zaldívar y Medina nació en

bautismos 55, Folio 251.
[63] Archivo Parroquial de la Iglesia de Santiago Apóstol de Don Benito, Libro de defunciones 33, Folio 260v-261.
[64] Archivo Parroquial de la Iglesia de Santiago Apóstol de Don Benito, Libro de bautismos 57, Folio 53v.
[65] Archivo Parroquial de la Iglesia de Santiago Apóstol de Don Benito, Libro de bautismos 58, Folio 139.
[66] Archivo Parroquial de la Iglesia de Santiago Apóstol de Don Benito, Libro de casados 24, Folio 61.

Don Benito el 16 de diciembre de 1888[67]. Contrajo matrimonio el 8 de febrero de 1911 con Eufemia Álvarez.

Antonia María Tomasa Ramona Solo de Zaldívar y Medina nació en Don Benito el 29 de diciembre de 1889[68].

Vicente Manuel Agustín Eulogio Solo de Zaldívar y Medina nació en Don Benito el 11 de marzo de 1891[69].

Emilia Crescencia Cristina Solo de Zaldívar y Medina nació en Don Benito el 10 de marzo de 1892[70]. Contrajo matrimonio el 5 de febrero de 1921[71] con Juan Antonio Greiner Aulin (*1896, Madrid).

Manuel Francisco Vicente Macario Solo de Zaldívar y Medina nació en Don Benito el 28 de febrero de 1896[72].

---

[67] Archivo Parroquial de la Iglesia de Santiago Apóstol de Don Benito, Libro de bautismos 77, Folio 224.
[68] Archivo Parroquial de la Iglesia de Santiago Apóstol de Don Benito, Libro de bautismos 78, Folio 3v.
[69] Archivo Parroquial de la Iglesia de Santiago Apóstol de Don Benito, Libro de bautismos 78, Folio 203.
[70] Archivo Parroquial de la Iglesia de Santiago Apóstol de Don Benito, Libro de bautismos 78, Folio 360.
[71] Archivo Parroquial de la Iglesia de Santiago Apóstol de Don Benito, Libro de casados 25-26, Folio 213v.
[72] Archivo Parroquial de la Iglesia de Santiago Apóstol de Don Benito, Libro de bautismos 80, Folio 191.

José Ramón Adrián Solo de Zaldívar y Medina nació en Don Benito el 5 de marzo de 1900[73].

María del Pilar Francisca de Asís de Medina Donoso-Cortés nació en Don Benito el 12 de octubre de 1862[74].

Sacramento Elena María de las Mercedes Matea de Medina Donoso-Cortés nació en Don Benito el 21 de septiembre de 1865[75].

Ramón Ezequiel Donoso-Cortés Parejo fue Licenciado en Jurisprudencia. Ocupó el cargo de Jefe Civil del distrito de Don Benito, Teniente de Alcalde de Don Benito entre el 1 de enero de 1916 al 4 de julio de 1917, nuevamente Teniente de Alcalde en la legislatura del 4 de julio de 1917 al 1 de enero de 1918. Falleció en Don Benito el 24 de diciembre de 1924. Contrajo matrimonio en Villanueva de la Serena el 27 de enero de 1842[76], con su prima hermana, María Manuela Tomasa Donoso-Cortés y Fernández-Canedo; fruto de éste enlace nacieron seis hijos

---

[73] Archivo Parroquial de la Iglesia de Santiago Apóstol de Don Benito, Libro de bautismos 81, Folio 32.
[74] Archivo Parroquial de la Iglesia de Santiago Apóstol de Don Benito, Libro de bautismos 59, Folio 281.
[75] Archivo Parroquial de la Iglesia de Santiago Apóstol de Don Benito, Libro de bautismos 61, Folio 247.
[76] Archivo Parroquial de la Iglesia de Santiago Apóstol de Don Benito, Libro de casados 15, Folio 252v.

llamados Manuel, María Elena, Ramón Ezequiel, Camilo, Pedro León y Eusebio Donoso-Cortés y Donoso-Cortés.

Manuel Ramón Julián Donoso-Cortés y Donoso-Cortés nació en Don Benito el 17 de agosto de 1848[77]. Falleció en la misma Ciudad el 6 de junio de 1917[78], a consecuencia de una nielitis ascendente. Casó en Don Benito, el 14 de febrero de 1879[79], con Rosalía Isidora Dolores Juliana Petra Elena Gabriela García de Paredes y Campuzano, nacida en Don Benito el 2 de enero de 1858[80] y fallecida en la misma Ciudad el 4 de julio de 1944[81]. El matrimonio tuvo cinco hijos llamados Francisco, María Manuela, María Josefa, Manuel y Enrique Donoso-Cortés y García de Paredes.

Francisco María del Pilar Julián Donoso-Cortés y García de Paredes nació en Don Benito el 7 de enero de 1880[82]. Fallece en la misma Ciudad el 16 de noviembre de 1946[83],

---

[77] Archivo Parroquial de la Iglesia de Santiago Apóstol de Don Benito, Libro de bautismos 48, Folio 159.
[78] Registro Civil de Don Benito, Sección 3ª, Tomo 87, Folio 271.
[79] Archivo Parroquial de la Iglesia de Santiago Apóstol de Don Benito, Libro de casados 22, Folio 173-173v.
[80] Archivo Parroquial de la Iglesia de Santiago Apóstol de Don Benito, Libro de bautismos 56, Folio 4.
[81] Registro Civil de Don Benito, Sección 3ª, Tomo 108, Folio 203v.
[82] Archivo Parroquial de la Iglesia de Santiago Apóstol de Don Benito, Libro de bautismos 72, Folio 47v.
[83] Registro Civil de Don Benito, Sección 3ª, Tomo 109, Folio 254.

a consecuencia de hipertensión arterial. Casó el 27 de mayo de 1921, en Don Benito, con María Elena Alfonsa de Jesús Petra Ramona Sáenz Gómez-Valadés, nacida en Don Benito el 31 de enero de 1880[84]. Sin sucesión.

María Manuela Petra Teresa de Jesús Donoso-Cortés y García de Paredes nació en Don Benito el 23 de octubre de 1881[85].

María Josefa Vicenta Donoso-Cortés y García de Paredes nació en Don Benito el 19 de julio de 1883[86].

Manuel María Anselmo Donoso-Cortés y García de Paredes nació en Don Benito el 21 de abril de 1887[87] y falleció en la misma Ciudad el 9 de noviembre de 1976[88], a consecuencia de una miocardiopatía senil arterioesclerósica y una insuficiencia cardiaca final. Ni se casó ni tuvo sucesión.

---

[84] Archivo Parroquial de la Iglesia de Santiago Apóstol de Don Benito, Libro de bautismos 72, Folio 61v.

[85] Archivo Parroquial de la Iglesia de Santiago Apóstol de Don Benito, Libro de bautismos 73, Folio 177v.

[86] Archivo Parroquial de la Iglesia de Santiago Apóstol de Don Benito, Libro de bautismos 75, Folio 73.

[87] Archivo Parroquial de la Iglesia de Santiago Apóstol de Don Benito, Libro de bautismos 76, Folio 338.

[88] Registro Civil de Don Benito, Sección 3ª, Tomo 126, Folio 113.

Enrique José Pablo Tomás Donoso-Cortés y García de Paredes nació en Don Benito el 2 de marzo de 1895[89].

María Elena Manuela Petra Donoso-Cortés y Donoso-Cortés nació en Don Benito el 11 de mayo de 1852[90]. Contrajo matrimonio en Don Benito, el 14 de abril de 1878[91], con Vicente de Torre-Isunza e Hita. El matrimonio tuvo dos hijos llamados Pedro y María Elena de Torre-Isunza Donoso-Cortés (ver *Descendencia de Vicenta Senapia Donoso-Cortés y Recalde Pavón*).

Ramón Ezequiel María de los Dolores Nicolás Donoso-Cortés y Donoso-Cortés nació en Don Benito el 6 de diciembre de 1855[92] y falleció en la misma Ciudad el 24 de diciembre de 1924[93]. Contrajo matrimonio en Don Benito, el 10 de marzo de 1878[94], con María Manuela Juana Ladisla Gómez-Valadés y Donoso-Cortés (*24/06/1849). Casó en

---

[89] Archivo Parroquial de la Iglesia de Santiago Apóstol de Don Benito, Libro de bautismos 80, Folio 29.

[90] Archivo Parroquial de la Iglesia de Santiago Apóstol de Don Benito, Libro de bautismos 51, Folio 82.

[91] Archivo Parroquial de la Iglesia de Santiago Apóstol de Don Benito, Libro de casados 22, Folio 126-126v.

[92] Archivo Parroquial de la Iglesia de Santiago Apóstol de Don Benito, Libro de bautismos 54, Folio 119v.

[93] Registro Civil de Don Benito, Sección 3ª, Tomo 96, Folio 399.

[94] Archivo Parroquial de la Iglesia de Santiago Apóstol de Don Benito, Libro de casados 22, Folio 124v-125.

segundas nupcias con María del Carmen Guillén y Calderón de Robles. Sin sucesión

Camilo Manuel Antero Donoso-Cortés y Donoso-Cortés nació en Don Benito el 3 de enero de 1843[95]. Contrajo matrimonio en Don Benito, el 14 de abril de 1884[96], con Eladia Ruiz Donoso-Cortés. Eladia nació en Mengabril en el año 1847 y falleció en Madrid el 15 de enero de 1910[97]. Sin sucesión.

Pedro León Ramón Andrés Donoso-Cortés y Donoso-Cortés nació en Don Benito el 30 de noviembre de 1844[98] y falleció en la misma Ciudad el 7 de abril de 1914[99], a consecuencia de una cistitis lapurada del cuello. Bachiller, Licenciado y Doctorado en Leyes, llegó a ocupar la alcaldía de Don Benito entre el 1 de marzo de 1877 y el 1 de julio de 1879, Concejal y Regidor Síndico de Don Benito en la legislatura del 1 de enero de 1904 al 1 de enero de 1906, y Alcalde por segunda vez en la legislatura del 1 de enero de 1906 al 27 de marzo de 1907. Casó Pedro León en la Iglesia Parroquial de Santiago Apóstol de Don Benito

---

[95] Archivo Parroquial de la Iglesia de Santiago Apóstol de Don Benito, Libro de bautismos 46, Folio 55v.
[96] Archivo Parroquial de la Iglesia de Santiago Apóstol de Don Benito, Libro de casados 23, Folio 157v-158.
[97] Registro Civil Único de Madrid, Sección 3ª, Tomo 51-4, Folio 229v.
[98] Archivo Parroquial de la Iglesia de Santiago Apóstol de Don Benito, Libro de bautismos 46, Folio 334v.
[99] Registro Civil de Don Benito, Sección 3ª, Tomo 82, Folio 292.

en 1886, con Elena Vicenta Donoso-Cortés y Torre-Isunza. Sin sucesión.

Eusebio María de Santa María Donoso-Cortés y Donoso-Cortés nació en Don Benito el 4 de mayo de 1846[100] y falleció en la misma Ciudad el 9 de febrero de 1908[101], a consecuencia de problemas de corazón. Familiarmente era conocido como "Eusebito". Casó en Don Benito el 30 de enero de 1867[102] con María Genara Gómez-Valadés Donoso-Cortés, nacida en Don Benito en 1847 y fallecida en la misma Ciudad el 6 d diciembre de 1904. Fruto del matrimonio nacieron siete hijos llamados María Genara, Pedro León, Ramón, María Teresa, Alfonso, Francisca y José Donoso-Cortés y Gómez-Valadés.

María Genara Jacinta Joaquina Donoso-Cortés y Gómez-Valadés nació en Don Benito el 16 de agosto de 1869[103].

Pedro León Francisco Eustaquio Donoso-Cortés y Gómez-Valadés nació en Don Benito el 17 de septiembre de 1877[104].

---

[100] Archivo Parroquial de la Iglesia de Santiago Apóstol de Don Benito, Libro de bautismos 47, Folio 184.

[101] Archivo Parroquial de la Iglesia de Santiago Apóstol de Don Benito, Libro de defunciones 32, Folio 120.

[102] Archivo Parroquial de la Iglesia de Santiago Apóstol de Don Benito, Libro de casados 20, Folio 150v.

[103] Archivo Parroquial de la Iglesia de Santiago Apóstol de Don Benito, Libro de bautismos 64, Folio 115.

[104] Archivo Parroquial de la Iglesia de Santiago Apóstol de Don Benito, Libro de bautismos 70, Folio 66.

Ramón Jesús Pedro Prudencio Atanasio Donoso-Cortés y Gómez-Valadés nació en Don Benito el 28 de abril 1868[105]. Su ocupación fue la de abogado. Casó con María de la Asunción Donoso-Cortés y Quirós. El matrimonio tuvo dos hembras llamadas María del Pilar y María Genara Donoso-Cortés y Donoso-Cortés (ver *Descendencia de Ramón Jesús Pedro Prudencio Atanasio Donoso-Cortés y Gómez-Valadés*).

María Teresa Trinidad Petra Donoso-Cortés y Gómez-Valadés nació en Don Benito el 31 de mayo de 1874[106] y falleció en la misma Ciudad el 3 de septiembre de 1896[107].

Alfonso de la Trinidad Pedro Donoso-Cortés y Gómez-Valadés nació en Don Benito el 31 de mayo de 1874[108].

Francisca María de los Dolores Feliciana Sacramento Donoso-Cortés y Gómez-Valadés nació en Don Benito el 9 de junio de

---

[105] Archivo Parroquial de la Iglesia de Santiago Apóstol de Don Benito, Libro de bautismos 63, Folio 181v.

[106] Archivo Parroquial de la Iglesia de Santiago Apóstol de Don Benito, Libro de bautismos 67, Folio 185v.

[107] Archivo Parroquial de la Iglesia de Santiago Apóstol de Don Benito, Libro de defunciones 30, Folio 373v.

[108] Archivo Parroquial de la Iglesia de Santiago Apóstol de Don Benito, Libro de bautismos 67, Folio 186.

1871[109] y falleció en la misma Ciudad el 18 de febrero de 1895[110].

José Gerardo Donoso-Cortés y Gómez-Valadés nació en Don Benito el 20 de septiembre de 1882[111]. De ocupación laboral abogado, fue Concejal del Ayuntamiento de Don Benito entre el 1 de enero de 19010 al 23 de agosto de 1911 y llegó a ostentar la alcaldía de Don Benito desde el 23 de agosto de 1911 hasta el 1 de enero de 1912; Regidor Síndico de Don Benito entre el 1 de enero de 1912 y el 6 de abril del mismo año, Teniente de Alcalde entre el 6 de abril de 1912 al 30 de noviembre de 1913 y del 1 de enero de 1914 al 25 de marzo de 1915, Concejal del 1 de enero de 1916 al 4 de julio de 1917, del 4 de julio de 1917 al 1 de enero de 1918, y por último del 26 de febrero de 1930 al 19 de abril del mismo año. Fue asesinado en Madrid el 24 de septiembre de 1936, en la carretera de El Pardo. Casó en la Iglesia Parroquial de Santiago Apóstol de Don Benito, el 16 de diciembre de 1907, con Fernanda María Donoso-Cortés y Quirós. Fruto del matrimonio nacieron tres hijos llamados Guillermo, María Josefa y Eusebio Donoso-

---

[109] Archivo Parroquial de la Iglesia de Santiago Apóstol de Don Benito, Libro de bautismos 65, Folio 172v.
[110] Archivo Parroquial de la Iglesia de Santiago Apóstol de Don Benito, Libro de defunciones 30, Folio 288v.
[111] Archivo Parroquial de la Iglesia de Santiago Apóstol de Don Benito, Libro de bautismos 74, Folio 125v.

Cortés y Donoso-Cortés (ver *Descendencia de José Gerardo Donoso-Cortés y Gómez-Valadés*).

3.4. Descendencia de Ramón Jesús Pedro Prudencio Atanasio Donoso-Cortés y Gómez-Valadés.

María del Pilar Donoso-Cortés y Donoso-Cortés nació en Don Benito en el año 1910.

María Genara Asunción Pilar Vicenta Paula Donoso-Cortés y Donoso-Cortés nació en Don Benito el 22 de enero de 1906[112] y falleció en Madrid el 4 de noviembre de 1977[113], a consecuencia de insuficiencia cardio-respiratoria aguda. Contrajo matrimonio con Pedro Fiol Sbert, fallecido el 20 de julio de 1957. El matrimonio tuvo cuatro hijos llamados Miguel, María Asunción, Ramón y Pedro Fiol Donoso-Cortés.

Miguel Fiol Donoso-Cortés nació en 1935 y falleció el 11 de diciembre de 2010. Casó con María Dolores Gómez.

María Asunción Fiol Donoso-Cortés casó con Antonio.

Ramón Fiol Donoso-Cortés nació en 1942 y falleció el 29 de abril del año 2010. Contrajo matrimonio con Mercedes García, siendo padres de un varón llamado Ramón José Fiol García.

Ramón José Fiol García. Llamado familiarmente "Moncho". Abogado penalista del Colegio de Abogados de Madrid. Director del Despacho de Abogados *Fiol Abogados Madrid*, marca registrada propiedad de la entidad mercantil *Donoso-Cortés Abogados y*

---

[112] Archivo Parroquial de la Iglesia de Santiago Apóstol de Don Benito, Libro de bautismos 83, Folio 6v.
[113] Registro Civil Único de Madrid, Sección 3ª, Tomo 269, Folio 208.

47

Consultores, Sociedad Limitada de Profesionales (S.L.P.).

Pedro Fiol Donoso-Cortés nació en 1942 y falleció en Madrid el 4 de diciembre de 2002. Contrajo matrimonio con María del Carmen Retuerto de la Torre. Sin sucesión.

3.5. Descendencia de José Gerardo Donoso-Cortés y Gómez-Valadés.

Guillermo Ramón José Gonzalo Donoso-Cortés y Donoso-Cortés nació en Don Benito el 10 de enero de 1915[114], siendo asesinado junto a su padre en Madrid, el 24 de

---

[114] Archivo Parroquial de la Iglesia de Santiago Apóstol de Don Benito, Libro de bautismos 84, Folio 258.

septiembre de 1936, en la carretera de El Pardo.

María Josefa Fernanda Marina Asunción Donoso-Cortés y Donoso-Cortés nació en Don Benito el 8 de agosto de 1912[115]. Llamada familiarmente "Pepita", casó con Ángel Merino Cisneros, Coronel de la Guardia Civil que falleció el 11 de abril de 1974.

Eusebio Guillermo José Silvestre Ramón Higinio Donoso-Cortés y Donoso-Cortés nació en Don Benito el 31 de diciembre de 1910[116] y falleció en Madrid el 17 de enero del año 2000[117]. Fue el primer Jefe Local de Don Benito. Contrajo matrimonio en Madrid, en el Hospital auxiliar de la Cruz Roja en la calle de Hortaleza, el 12 de octubre de 1938 con Aurora Clotilde Núñez de Prado y Bermejo, nacida en Madrid el 13 de agosto de 1913 y fallecida también en Madrid el 31 de agosto de 1987[118]. El matrimonio tuvo un solo varón llamado José Miguel Donoso-Cortés y Núñez de Prado.

---

[115] Archivo Parroquial de la Iglesia de Santiago Apóstol de Don Benito, Libro de bautismos 84, Folio 156v.
[116] Archivo Parroquial de la Iglesia de Santiago Apóstol de Don Benito, Libro de bautismos 84, Folio 82v.
[117] Registro Civil Único de Madrid, Sección 3ª, Tomo 122, Folio 399.
[118] Registro Civil Único de Madrid, Sección 3ª, Tomo 22, Folio 257.

José Miguel Donoso-Cortés y Núñez de Prado casó con Concha Esteve, con la que tuvo dos hijos llamados Miguel y María de las Cruces Donoso-Cortés Esteve.

Miguel Donoso-Cortés Esteve nació el 27 de junio de 1978. Licenciado en Derecho. Director de Grandes Cuentas en APEC SL; Ejecutivo de cuentas en Best Doctor; Apoderado en la compañía madrileña Band-Aid Solutions SL.

María de las Cruces Donoso-Cortés Esteve. Instrumentista de quirófano cirugía maxilofacial e higienista bucodental. Administradora única en la compañía madrileña Band-Aid Solutions SL. De estado casada.

3.6. Descendencia de Vicenta Senapia Donoso-Cortés y Recalde Pavón.

Pedro Vicente de Torre-Isunza Donoso-Cortés nació en Don Benito el 4 de febrero de 1825[119]. Primero de los dos gemelos. Falleció en Don Benito el 11 de enero de 1895[120].

---

[119] Archivo Parroquial de la Iglesia de Santiago Apóstol de Don Benito, Libro de bautismos 37, Folio 245v.

Magistrado de las Audiencias de las Palmas, Burgos y Sevilla. Casado en primeras nupcias en Don Benito, el 15 de julio de 1851, con su prima María de Torre-Isunza Carrasco (*1825). En segundas nupcias, el 27 de septiembre de 1855[121] , con Natalia Falcón González (nacida en 1826 en Bayona, Francia), con la que tiene tres hijos llamados Vicenta, María Luisa y Pedro de Torre-Isunza y Falcón. Casado en terceras nupcias con Antonia Jiménez Gayarre.

Vicenta Sabina de Santiago María de los Ángeles de Torre-Isunza y Falcón nació en Don Benito el 30 de diciembre de 1847[122].

María Luisa de Torre-Isunza y Falcón.

Pedro de Torre-Isunza y Falcón nació en Sevilla. Casó con María del Amparo González de Villa y Castroverde, nacida en Bilbao en 1865 y fallecida el 30 de diciembre de 1946. El matrimonio tuvo dos varones llamados Pedro y Ramón de Torre-Isunza González.

Pedro María Jesús José Anastasio de la Santísima Trinidad de Torre-Isunza González nació en Don Benito el 25 de diciembre de 1892[123]. Falleció en Madrid el 5 de noviembre de 1982. Aunque estudió Derecho, fue conocido como escultor, tras haberse formado en el taller de Mateo Inurria. Nombrado por el Ilustrísimo Ayuntamiento de Don Benito como Hijo Predilecto de Don Benito. Casó en Madrid el 15 de mayo de 1972, en la Parroquia de Santa Elena, con

---

[120] Archivo Parroquial de la Iglesia de Santiago Apóstol de Don Benito, Libro de defunciones 30, Folio 288v.

[121] Archivo Parroquial de la Iglesia de Santiago Apóstol de Don Benito, Libro de casados 18, Folio 69.

[122] Archivo Parroquial de la Iglesia de Santiago Apóstol de Don Benito, Libro de bautismos 56, Folio 1v.

[123] Archivo Parroquial de la Iglesia de Santiago Apóstol de Don Benito, Libro de bautismos 79, Folio 90.

Josefa Jurado Moreno, conocida familiarmente como "Pepita". Josefa nació en 1915 y falleció el 16 de marzo de 1988. Sin sucesión.

Ramón José Jesús Julián de la Santísima Trinidad de Torre-Isunza González nació en Don Benito el 5 de septiembre de 1895[124]. Casó con Zenaida Robles Urquiza, nacida ésta en Madrid en el año 1898 y fallecida el 17 de octubre de 1987. Sin sucesión. Desempeñó los cargos de Ingeniero Jefe de la provincia de Tenerife en 1937 e Ingeniero Jefe del Gabinete de Estudios de los Servicios Centrales de la Dirección General de Carreteras y Caminos Vecinales del Ministerio de Obras Públicas en 1961. El 5 de agosto de 1935 salen desde Madrid con destino a Francia, el 28 de agosto del mismo año, el matrimonio embarcó en el transatlántico *SS Normandie* desde Le Havre (Francia) con destino a New York (Estados Unidos). El 28 de octubre de 1953, el matrimonio embarca en el transatlántico *RMS Queen Mary*, desde el puerto de Cherbourg con destino nuevamente a New York (Estados Unidos), donde desembarcan el 2 de noviembre de 1953; realizan el viaje en primera clase.

José de Leonisa de Torre-Isunza Donoso-Cortés nació en Don Benito el 4 de febrero de 1825[125]. Segundo de los dos gemelos. Casó con Inés Casado, con la que tuvo un varón llamado Jacinto de Torre-Isunza Casado.

Jacinto de Torre-Isunza Casado.

María Amalia de Torre-Isunza Donoso-Cortés nació en Don Benito el 19 de septiembre de 1823[126]. Contrajo

---

[124] Archivo Parroquial de la Iglesia de Santiago Apóstol de Don Benito, Libro de bautismos 80, Folio 102.

[125] Archivo Parroquial de la Iglesia de Santiago Apóstol de Don Benito, Libro de bautismos 37, Folio 245v.

matrimonio con Francisco Donoso-Cortés y Fernández-Canedo (ver *Descendencia de Francisco Casimiro Tomás de Aquino Donoso-Cortés y Recalde Pavón*).
Elisa Manuela Patricia de Torre-Isunza Donoso-Cortés nació en Don Benito el 17 de marzo de 1828[127].
Petra María de Santo Domingo de Torre-Isunza Donoso-Cortés nació en Don Benito el 20 de diciembre de 1830[128] y falleció en la misma Ciudad el 28 de abril de 1891[129].

Manuela María Vicenta de Torre-Isunza Donoso-Cortés nació en Don Benito el 28 de abril de 1822[130].
Cesáreo Francisco de Torre-Isunza Donoso-Cortés nació en Don Benito el 10 de octubre de 1826[131]. De ocupación Promotor Fiscal y Juez de Primera Instancia. Contrajo matrimonio con Gabriela de Hita y León. El matrimonio tuvo cinco hijos llamados Pedro, Francisca, Elisa, Ramón y Vicente de Torre-Isunza e Hita.
Pedro de Torre-Isunza e Hita nació en Don Benito en 1892 y falleció en la misma Ciudad en 1982.
Francisca de Torre-Isunza e Hita casó con Francisco Frías Villalobos, Juez de Primera Instancia de Granada. El

---

[126] Archivo Parroquial de la Iglesia de Santiago Apóstol de Don Benito, Libro de bautismos 37, Folio 11.
[127] Archivo Parroquial de la Iglesia de Santiago Apóstol de Don Benito, Libro de bautismos 39, Folio 2.
[128] Archivo Parroquial de la Iglesia de Santiago Apóstol de Don Benito, Libro de bautismos 40, Folio 162v.
[129] Archivo Parroquial de la Iglesia de Santiago Apóstol de Don Benito, Libro de casados 30, Folio 63v.
[130] Archivo Parroquial de la Iglesia de Santiago Apóstol de Don Benito, Libro de bautismos 36, Folio 104.
[131] Archivo Parroquial de la Iglesia de Santiago Apóstol de Don Benito, Libro de bautismos 38, Folio 128.

matrimonio tuvo tres hijos llamados María del Carmen, Pedro y Cesárea Frías Torre-Isunza.

María del Carmen Frías Torre-Isunza.

Pedro Frías Torre-Isunza. Inspector del Cuerpo de Investigación y Vigilancia. Fallece en Soria el 11 de julio de 1938.

Cesárea Frías Torre-Isunza.

Elisa de Torre-Isunza e Hita casó cuando tenía 16 años con Víctor de Fuentes del Río, Registrador de la Propiedad. Elisa fallece con 48 años. El matrimonio tuvo trece hijos llamados Víctor, Elisa, Nicolás, Clara, Blanca, Elena, Adela, Alfredo, Juan Bautista, María Francisca y Luisa de Fuentes Torre-Isunza; dos más que fallecieron niños.

Víctor de Fuentes Torre-Isunza nació en Castro del Río (Córdoba). De profesión abogado.

Elisa de Fuentes Torre-Isunza nació en Castro del Río. Contrajo matrimonio con Rafael Jiménez Abaurrea, farmacéutico en Madrid. El matrimonio tiene diez hijos llamados Rafael, Elisa, Víctor, Inés, Carmen, Juan, Araceli, José, María y Pilar Jiménez de Fuentes.

Rafael Jiménez de Fuentes.

Elisa Jiménez de Fuentes.

Víctor Jiménez de Fuentes.

Inés Jiménez de Fuentes.

Carmen Jiménez de Fuentes.

Juan Jiménez de Fuentes.

Araceli Jiménez de Fuentes.

José Jiménez de Fuentes.

María Jiménez de Fuentes.

Pilar Jiménez de Fuentes.

Nicolás de Fuentes Torre-Isunza nació en Castro del Río y falleció con 21 años de edad.

Clara de Fuentes Torre-Isunza nació en Castro del Río y falleció con 18 años de edad.

Blanca de Fuentes Torre-Isunza nació en Castro del Río el 28 de septiembre de 1889.

Elena de Fuentes Torre-Isunza nació en Castro del Río. Contrajo matrimonio con Francisco de Paula Cuenca Burgos, empresario agrícola, terrateniente. El matrimonio tuvo diez hijos llamados Jerónimo, Elisa, Víctor, Araceli, José, Francisco, Elena, Juana, Antonio y Nicolás Cuenca de Fuentes.

Jerónimo Cuenca de Fuentes nació en Lucena (Córdoba).

Elisa Cuenca de Fuentes nació en Lucena. Contrajo matrimonio con Rafael Calvo, Licenciado en Ciencias Exactas. El matrimonio tuvo diez hijos llamados Rafael, Elena, Manuel, Francisco de Paula, Antonio, María, José y Elisa Calvo Cuenca; y dos más.

Rafael Calvo Cuenca nació en Lucena. Licenciado en Ciencias Exactas.

Elena Calvo Cuenca nació en Lucena.

Manuel Calvo Cuenca nació en Lucena.

Francisco de Paula Calvo Cuenca nació en Lucena. Arquitecto Técnico en Córdoba. Casado.

Antonio Calvo Cuenca nació en Lucena. Doctor en Ciencias Físicas. Contrajo matrimonio con María Araceli Serrano Tenllado. El matrimonio tiene tres hijos.

María Calvo Cuenca nació en Lucena. Casada

José Calvo Cuenca nació en Lucena. De profesión médico. Contrajo matrimonio con Rosa Muñoz Cañete. Con sucesión.

Elisa Calvo Cuenca nació en Lucena. Casada.

Víctor Cuenca de Fuentes nació en Lucena. Militar en Córdoba. Contrajo matrimonio con Fuensanta ¿?. El matrimonio tuvo tres hijos.

Araceli Cuenca de Fuentes nació en Lucena.

José Cuenca de Fuentes nació en Lucena. Dominico en Jerez de la Frontera.

Francisco Cuenca de Fuentes nació en Lucena. De profesión veterinario en Córdoba. Contrajo matrimonio con Magdalena Figueredo. El matrimonio tuvo cuatro hijos.

Elena Cuenca de Fuentes nació en Lucena. Contrajo matrimonio con José Redondo Ibáñez, Ingeniero Industrial en Madrid. El matrimonio tuvo cinco hijos llamados José Ignacio, Elena, Araceli, María del Sol y Francisco de Paula Redondo Cuenca.

José Ignacio Redondo Cuenca nació en Madrid. De profesión Ingeniero Industrial. Casado y con sucesión.

Elena Redondo Cuenca nació en Madrid.

Araceli Redondo Cuenca nació en Madrid.

María del Sol Redondo Cuenca nació en Madrid.

Francisco de Paula Redondo Cuenca nació en Madrid.

Juana Cuenca de Fuentes nació en Lucena.

Antonio Cuenca de Fuentes nació en Lucena. Deo oficio abogado.

Nicolás Cuenca de Fuentes nació en Lucena. Ingeniero Industrial en Bilbao. Casado y con tres hijos.

Adela de Fuentes Torre-Isunza nació en Castro del Río. Contrajo matrimonio con Cristóbal Fuentes, abogado. El matrimonio tuvo una hija llamada Rosario Fuentes Fuentes.

Rosario Fuentes Fuentes nació en Castro del Rio. Contrajo matrimonio con Rafael María Navajas, abogado. El matrimonio tuvo tres hijos.

Alfredo de Fuentes Torre-Isunza nació en Castro del Río. De oficio médico. Contrajo matrimonio con Victoria Reyes. El matrimonio tuvo cinco hijos llamados Elisa, Víctor, Leonarda, Francisco y Alfredo de Fuentes Reyes.

Elisa de Fuentes Reyes.

Víctor de Fuentes Reyes nació en Castro del Río. Contrajo matrimonio y tuvo dos hijos.

Leonarda de Fuentes Reyes.

Francisco de Fuentes Reyes.

Alfredo de Fuentes Reyes.

Juan Bautista de Fuentes Torre-Isunza nació en Castro del Río. De profesión Notario en La Coruña. En junio de 1937 fue nombrado Jefe comarcal de FET y de las JONS de Santiago de Compostela. Contrajo matrimonio con Rosa López. El matrimonio tuvo cinco hijos llamados Víctor, José, Elisa, Juan y Trinidad de Fuentes López.

Víctor de Fuentes López nació en Madrid. Magistrado. Casado con Isabel ¿?.

José de Fuentes López nació en Madrid. Notario. Casado con Trinidad ¿?.

Elisa de Fuentes López nació en Madrid.

Juan de Fuentes López nació en Madrid. Registrador de la Propiedad. Casado con Carmen cruz Gómez.

Nicolás de Fuentes López nació en Madrid. Economista. Casado.

María Francisca de Fuentes Torre-Isunza nació en Castro del Río en 1902 y falleció en Lucena el 15 de febrero de 1979 Contrajo matrimonio con José de Mora Escudero, empresario agrícola y vitivinícola, terrateniente y Alcalde de Lucena desde 1948. El matrimonio tiene tres hijos llamados Araceli, Elisa y Francisco de Mora Fuentes.

Araceli de Mora Fuentes nació en Lucena el 4 de octubre de 1928. Reina de los Juegos Florales de la Coronación canónica de Nuestra Señora María Santísima de Araceli de Lucena el 2 de mayo de 1948. Contrae matrimonio con Joaquín Montilla Gómez, Doctor en Ciencias Físicas. El matrimonio tiene siete hijos llamados Pedro, Joaquín, José Benito, Francisco de Asís, Victorio, Antonio y Araceli Montilla de Mora.

Pedro Montilla de Mora nació en Lucena el 15 de enero de 1960. De profesión médico, contrae matrimonio con Isabel Echebarne Sánchez, con quien tiene cuatro hijos llamados Pedro, María, Blanca y Ricardo Montilla Echebarne.

Pedro Montilla Echebarne.

María Montilla Echebarne.

Blanca Montilla Echebarne.

Ricardo Montilla Echebarne.

Joaquín Montilla de Mora nació en Lucena el 4 de marzo de 1961. Contrae matrimonio con Isabel Rojo Casares, Licenciada en Historia y restauradora de arte. El matrimonio tiene tres hijos llamados Elvira, Joaquín e Isabel Montilla Rojo.

Elvira Montilla Rojo.

Joaquín Montilla Rojo.

Isabel Montilla Rojo.

José Benito Montilla de Mora nació en Lucena el 19 de mayo de 1962. De profesión Arquitecto. Contrae matrimonio con María Arechabala Anaya, con quien tiene nueve hijos llamados Clara de Asís, Juan Bautista, María de Loreto, José, Pedro, Manuel, Miguel, Ana y Francisco de Asís Montilla Arechabala.

Clara de Asís Montilla Arechabala nació en Madrid el 18 de marzo de 1997.

Juan Bautista Montilla Arechabala nació en Córdoba el 9 de marzo de 1999.

María de Loreto Montilla Arechabala nació en Córdoba el 24 de agosto del 2000.

José Montilla Arechabala nació en Córdoba el 22 de agosto del 2002.

Pedro Montilla Arechabala nació en Córdoba el 4 de junio del 2005.

Manuel Montilla Arechabala nació en Córdoba el 8 de julio del 2008.

Miguel Montilla Arechabala nació en Córdoba el 20 de febrero del 2010.

Ana Montilla Arechabala nació en Córdoba el 10 de agosto del 2011.

Francisco de Asís Montilla Arechabala nació en Córdoba el 12 de diciembre del 2012.

Francisco de Asís Montilla de Mora nació en Lucena el 23 de enero de 1964. Ingeniero Naval. Contrae matrimonio con María de los Ángeles Muñoz de Iraola, con quien tiene tres hijos llamados Francisco, Marta y María de los Ángeles Montilla Muñoz.

Francisco Montilla Muñoz.

Marta Montilla Muñoz.

María de los Ángeles Montilla Muñoz.

Victorio Montilla de Mora nació en Lucena el 10 de junio de 1965. De profesión economista. Contrajo matrimonio con Leticia Aguilar de Armas, con quien tiene una hija llamada Leticia Montilla Aguilar.

Leticia Montilla Aguilar.

Antonio Montilla de Mora nació en Madrid el 23 de octubre de 1966. De profesión piloto de aire.

Araceli Montilla de Mora nació en Madrid el 19 de diciembre de 1968. De profesión arquitecto de interiores. Contrae matrimonio con Felipe Ramos Calderón, piloto de aire.

Elisa de Mora Fuentes nació en Lucena. Contrajo matrimonio con Luis Nadal Cuenca, Ingeniero Naval en Cádiz. El matrimonio tiene cinco hijos llamados Pedro José, María Francisca, José Luis, Elisa y Luis Jesús Nadal de Mora.

Pedro José Nadal de Mora nació en Cádiz. Ingeniero Técnico Industrial.

María Francisca Nadal de Mora nació en Cádiz. De profesión economista. Contrajo matrimonio con José Jiménez Cubillo, Ingeniero Naval. El matrimonio tiene dos hijos llamados José María y Cecilia Jiménez Nadal.

   José María Jiménez Nadal.

Cecilia Jiménez Nadal.

José Luis Nadal de Mora nació en Cádiz. De profesión Médico. Contrajo matrimonio con Concepción Martínez del Cerro, con quien tiene tres hijos llamados Concepción, José y Gadea Nadal Martínez del Cerro.

Concepción Nadal Martínez del Cerro.

José Nadal Martínez del Cerro.

Gadea Nadal Martínez del Cerro.

Elisa Nadal de Mora nació en Cádiz. De profesión decoradora. Contrajo matrimonio con Francisco Bueno Oliveros, empresario. El matrimonio tiene dos hijos llamados Francisco y Álvaro Bueno Nadal.

   Francisco Bueno Nadal.

Álvaro Bueno Nadal.

Luis Jesús Nadal de Mora nació en Cádiz. Ingeniero Informático. Contrajo matrimonio con Dolores ¿?, con quien tiene dos hijos llamados ¿? y Luis Nadal.

¿? Nadal.

Luis Nadal.

Francisco de Mora Fuentes nació en Lucena. De profesión abogado en Madrid. Contrajo matrimonio con Encarnación Alonso. El matrimonio tiene dos hijos llamados María de Araceli y José Francisco de Mora Alonso.

María de Araceli de Mora Alonso nació en Madrid. De profesión abogada.

José Francisco de Mora Alonso nació en Madrid. Ingeniero de Telecomunicaciones. Contrajo matrimonio con Marta Lucena, con quien tiene cuatro hijos llamados ¿?, Rocío, Marta e Ignacio de Mora Lucena.

¿? de Mora Lucena.

Rocío de Mora Lucena.

Marta de Mora Lucena.

Ignacio de Mora Lucena.

Luisa de Fuentes Torre-Isunza nació en Castro del Río el 22 de noviembre de 1908.

Ramón de Torre-Isunza e Hita.

Vicente de Torre-Isunza e Hita nació en Don Benito en el año 1853. Contrajo matrimonio en Don Benito, el 14 de abril de 1878[132], con María Elena Donoso-Cortés y Donoso-Cortés, siendo padres de una hija llamada María Elena de Torre-Isunza Donoso-Cortés.

María Elena de la Visitación Ramona Nonnata de Torre-Isunza Donoso-Cortés nació en Don Benito el 2 de julio de 1879[133].

---

[132] Archivo Parroquial de la Iglesia de Santiago Apóstol de Don Benito, Libro de casados 22, Folio 126-126v.

3.7. Descendencia de Pedro León Donoso-Cortés y Recalde Pavón.

Juan Josef Leonisa Francisco Vicente Donoso-Cortés y Fernández-Canedo nació en Don Benito el 4 de febrero de

---

[133] Archivo Parroquial de la Iglesia de Santiago Apóstol de Don Benito, Libro de bautismos 71, Folio 168v.

1808[134] y falleció en la misma Ciudad el 10 de marzo de 1808[135], dándole sepultura de diez y ocho reales.

Juan Francisco Manuel María de la Salud Donoso-Cortés y Fernández-Canedo nació en el Valle de la Serena el 6 de mayo de 1809[136] y falleció en París el 3 de mayo de 1853. El 12 de diciembre de 1846 le fue concedido el título de Castilla con denominación Marqués de Valdegamas y primer Vizconde del Valle de la Serena. A lo largo de su vida, llego a ocupar los cargos de Oficial quinto de la Secretaría de Estado y del despacho de Gracia y Justicia de Indias en 1833; *"Secretario con ejercicio de Decretos en el mismo Ministerio en 1834; en 1835 obtenía el título de "funcionario más antiguo"; Jefe de Seción de la Secretaría del Despacho de Gracia y Justicia en enero de 1836; Secretario del Gabinete de Mendizábal y de la Presidencia del Consejo en mayo de 1836; elegido procurador por Badajoz en el año 1836, siendo esta elección anulada; Diputado a Cortes por Cádiz en 1837; Secretario particular de la Reina Madre, en París, en 1840, así como otra vez Diputado por Cádiz en el mismo año; Enviado Extraordinario y Ministro Plenipotenciario cerca de María Cristina, en París, en noviembre de 1843; Secretario particular de la Reina Madre, restituida al país, en mayo de 1844; Diputado por Badajoz en 1844 y anteriormente en 1843, así como miembro del Consejo Real ordinario en el mismo mes y año; (...) Diputado a Cortes por Don Benito en 1846, 1850 y 1851; Académico de la Historia en 1848;*

---

[134] Archivo Parroquial de la Iglesia de Santiago Apóstol de Don Benito, Libro de bautismos 30, Folio 309v.
[135] Archivo Parroquial de la Iglesia de Santiago Apóstol de Don Benito, Libro de defunciones 10, Folio 142.
[136] Archivo Parroquial de la Iglesia de la Purísima Concepción del Valle de la Serena, Libro de bautismos 5, Folio 295v.

Embajador de España en Berlín en 1848; Embajador de España en París en 1851; y Senador Vitalicio entre 1851 y 1853 "[137]. Aparte de los cargos que desempeñó, le fueron concedidas las gracias de la Gran Cruz de Carlos III, Gran Cruz de Isabel la Católica y Gran Oficial de la Legión de Honor de Francia. Desempeñó también la presidencia del Ateneo de Madrid. Casó en Cáceres, en la calle Solanas número 14 (Casa de la familia García-Carrasco) el 20 de enero de 1830, con Teresa de Jesús María Josefa García-Carrasco y Gómez-Benítez (*Cáceres, 15/11/1811-Cáceres, 03/06/1835). El matrimonio tuvo una hija llamada María Josefa Donoso-Cortés y García-Carrasco.

María Josefa Rafaela Petra Donoso-Cortés y García-Carrasco nació en Cáceres el 24 de octubre de 1830 y bautizada el día 27 en la Iglesia de San Juan de Cáceres. Falleció el 28 de diciembre de 1832, siendo sepultada en el Cementerio Municipal de Cáceres, junto a su madre.

Pedro María Vicente de Jesús Donoso-Cortés y Fernández-Canedo nació en Don Benito el 31 de enero de 1811[138] y falleció en Madrid, en la calle de la Almudena, el 31 de mayo de 1847, a consecuencia de una hidropesía del hígado. Bachiller en Leyes por la Universidad de Salamanca, desempeñó los cargos de abogado de los Reales Consejos, Oficial primero de la Secretaría de la Subdelegación de Fomento, Jefe Superior Político de la Provincia de Ávila en 1839, Jefe Superior Político de Salamanca, Teniente de la

---

[137] CORTES GONZALEZ, D.: "Aportes genealógicos de una familia dombenitense, los Donoso-Cortés", *Revista de Historia de las Vegas Altas* n°4, Grupo de Estudios de las Vegas Altas / Asociación "Torre Isunza" para la Defensa del Patrimonio Histórico y Cultural de Don Benito, Don Benito, Junio 2013.

[138] Archivo Parroquial de la Iglesia de Santiago Apóstol de Don Benito, Libro de bautismos 31, Folio 216.

Cuarta Compañía de Tiradores de Cáceres, Vocal del Consejo de Disciplina y Calificación del Batallón de Nacionales en 1838, Jefe Político de Pontevedra y Diputado a Cortes por Badajoz en 1836. Contrajo matrimonio en Salamanca el 25 de enero de 1832, con Benita Barcenilla y Sendín, nacida en Salamanca en 1811 y fallecida en Madrid el 22 de marzo de 1888. El matrimonio tuvo cinco hijos llamados Emilio, Ricardo, Elena, María Josefa y Juan Donoso-Cortés Barcenilla (ver *Descendencia de Pedro María Vicente de Jesús Donoso-Cortés y Fernández-Canedo*).

Manuel Anselmo Cleto Donoso-Cortés y Fernández-Canedo nació en Don Benito el 21 de abril de 1812[139] y fallece en la misma Ciudad el 17 de julio de 1892[140]. Fue el financiador de la restauración del abovedamiento de la Iglesia Parroquial de San Sebastián de Don Benito, ostentando desde entonces *"el privilegio de poder asistir a los cultos desde la sala coral superpuesta a la sacristía"*[141]. Fue Diputado por el Estado Noble en el Ayuntamiento de Don Benito entre el 28 de febrero de 1833 y el 23 de marzo de 1833, y nuevamente entre el 5 de noviembre de 1834 y el 27 de octubre de 1835. Casó en la Iglesia Parroquial de Santiago Apóstol de Don Benito el 25 de septiembre de 1827[142] , con Isabel Gómez-Valadés Parejo. El matrimonio tuvo dos

[139] Archivo Parroquial de la Iglesia de Santiago Apóstol de Don Benito, Libro de bautismos 32, Folio 114v.

[140] Archivo Parroquial de la Iglesia de Santiago Apóstol de Don Benito, Libro de defunciones 30, Folio 131.

[141] SANCHEZ NIETO, A.: "Apunte histórico de "El Santo" Don Benito", Revista *I Centenario de la Parroquia de San Sebastián 1896-1996*, Junta Parroquial de San Sebastián, Don Benito, 1996.

[142] Archivo Parroquial de la Iglesia de Santiago Apóstol de Don Benito, Libro de casados 14, Folio 42.

hijas llamadas Isabel y Elena Donoso-Cortés y Gómez-Valadés (ver *Descendencia de Manuel Anselmo Cleto Donoso-Cortés y Fernández-Canedo*).

Francisco Casimiro Tomás de Aquino Donoso-Cortés y Fernández-Canedo nació en Don Benito el 4 de marzo de 1813[143] y falleció en la misma Ciudad el 29 de noviembre de 1877[144]. Abogado. Ocupó los cargos de Intendente de Hacienda en Salamanca, Alicante y otras provincias. Conejero de Estado. Presidente del Tribunal Supremo de Cuentas del Reino, Ministro de la Corona y Senador Vitalicio. Fue condecorado con la Gran Cruz de la Orden de Isabel la Católica. Casó en Villanueva de la Serena, el 27 de enero de 1842[145], con Amalia de Torre-Isunza y Donoso-Cortés, con la que tuvo tres hijas llamadas Petra, Elena y Amalia Donoso-Cortés y Torre-Isunza.

Petra Donoso-Cortés y Torre-Isunza tenía problemas en la vista.

Elena Vicenta Donoso-Cortés y Torre-Isunza aprendió dibujo y música. Era artista, pintaba cuadros. Casó en Don Benito en 1866 con Pedro León Ramón Andrés Donoso-Cortés y Donoso-Cortés. Sin sucesión.

Amalia Donoso-Cortés y Torre-Isunza falleció en abril de 1922. Fue Auxiliar de Labores y Economía Doméstica de la Escuela Normal de Maestras de Baleares, desde el 20 de junio de 1918.

---

[143] Archivo Parroquial de la Iglesia de Santiago Apóstol de Don Benito, Libro de bautismos 32, Folio 188v.
[144] Archivo Parroquial de la Iglesia de Santiago Apóstol de Don Benito, Libro de defunciones 26, Folio 120.
[145] Archivo Parroquial de la Iglesia de Santiago Apóstol de Don Benito, Libro de casados 15, Folio 252v.

María Josefa Raimunda Donoso-Cortés y Fernández-Canedo nació en Don Benito el 15 de marzo de 1814[146] y falleció en la misma Ciudad el 21 de agosto de 1814[147].

Antonio Vicente del Espíritu Santo Donoso-Cortés y Fernández-Canedo nació en Don Benito el 2 de junio de 1816[148] y falleció en la misma Ciudad el 9 de julio de 1818[149].

Ramón Domingo Juan Neopomuceno Donoso-Cortés y Fernández-Canedo nació en Don Benito el 12 de mayo de 1817[150] y falleció en la misma Ciudad el 26 de diciembre de 1872[151]. Fue Procurador Síndico en el Ayuntamiento de Don Benito entre el 25 de septiembre de 1856 y el 2 de diciembre de 1856, Regidor en el Ayuntamiento de Don Benito entre el 2 de diciembre de 1856 y el 11 de marzo de 1857, nuevamente entre el 1 de enero de 1867 y el 24 de enero de 1867, por tercera vez entre el 24 de enero de 1867 y el 5 de junio de 1867, y por cuarta vez, entre el 5 de junio de 1867 y el 7 de octubre de 1868. Casó el 1 de junio de 1835[152] con María de la Asunción Sólo de Zaldívar y de Morales, con la que tuvo siete hijos llamados Enrique, Manuela María Irene, Elena, Santiago, Guillermo, Manuela María Rosenda y

---

[146] Archivo Parroquial de la Iglesia de Santiago Apóstol de Don Benito, Libro de bautismos 33, Folio 36.
[147] Archivo Parroquial de la Iglesia de Santiago Apóstol de Don Benito, Libro de defunciones 11, Folio 148v.
[148] Archivo Parroquial de la Iglesia de Santiago Apóstol de Don Benito, Libro de bautismos 33, Folio 303.
[149] Archivo Parroquial de la Iglesia de Santiago Apóstol de Don Benito, Libro de defunciones 11, Folio 279.
[150] Archivo Parroquial de la Iglesia de Santiago Apóstol de Don Benito, Libro de bautismos 34, Folio 57v.
[151] Archivo Parroquial de la Iglesia de Santiago Apóstol de Don Benito, Libro de defunciones 24, Folio 233.
[152] Archivo Parroquial de la Iglesia de Santiago Apóstol de Don Benito, Libro de casados 15, Folio 26.

María Luisa Donoso-Cortés y Sólo de Zaldívar (ver *Descendencia de Ramón Domingo Juan Neopomuceno Donoso-Cortés y Fernández-Canedo*).

Elena Josefa Agustina Donoso-Cortés y Fernández-Canedo nació en Don Benito el 28 de agosto de 1820[153] y falleció en la misma Ciudad el 14 de junio de 1823[154].

María Manuela Tomasa Donoso-Cortés y Fernández-Canedo nació en Don Benito el 21 de diciembre de 1821[155] y falleció en la misma Ciudad el 10 de octubre de 1895[156]. Contrajo matrimonio en Villanueva de la Serena el 27 de enero de 1842[157], con su primo hermano Ramón Ezequiel Donoso-Cortés Parejo, fruto de éste enlace nacieron seis hijos llamados Manuel, María Elena, Ramón Ezequiel, Camilo, Pedro León y Eusebio Donoso-Cortés y Donoso-Cortés (ver *Descendencia de Manuel Ynocentes Donoso-Cortés y Recalde Pavón*).

Eusebio Víctor Donoso-Cortés y Fernández-Canedo nació en Don Benito el 5 de marzo de 1823[158] y falleció en Badajoz el 9 de julio de 1876[159], a causa de un reblandecimiento cerebral. Ostentó los cargos de Alcalde Mayor de Don Benito entre 1846 y 1850, Diputado a Cortes

---

[153] Archivo Parroquial de la Iglesia de Santiago Apóstol de Don Benito, Libro de bautismos 35, Folio 150.

[154] Archivo Parroquial de la Iglesia de Santiago Apóstol de Don Benito, Libro de defunciones 12, Folio 4v.

[155] Archivo Parroquial de la Iglesia de Santiago Apóstol de Don Benito, Libro de bautismos 36, Folio 34.

[156] Archivo Parroquial de la Iglesia de Santiago Apóstol de Don Benito, Libro de defunciones 30, Folio 327v.

[157] Archivo Parroquial de la Iglesia de Santiago Apóstol de Don Benito, Libro de casados 15, Folio 252v.

[158] Archivo Parroquial de la Iglesia de Santiago Apóstol de Don Benito, Libro de bautismos 36, Folio 251v.

[159] Registro Civil de Badajoz, Sección 3ª, Tomo 14, Folio 2.

por el distrito de Siruela en 1850 y por el de Don Benito en 1853, Alcalde Corregidor de Badajoz, Consejero de Estado, Gobernador Civil de la Provincia de Huesca (11/11/1856-30/06/1857), de Soria (30/06/1857-17/12/1857), de Teruel (17/12/1857-11/02/1858), Islas Baleares (11/02/1858-23/07/1858) y de Huesca desde el 23 de julio de 1858 hasta la admisión de su dimisión el 11 de septiembre del mismo año. Nuevamente Gobernador Civil de la Provincia de Zaragoza (14/03/1864-12/10/1864) y de Santander desde el 12 de octubre de 1864 hasta su cese acaecido el 24 de abril de 1865. Jefe de la Sección de Trabajos Catastrales de la Junta General de Estadística del Reino desde el 22 de noviembre de 1865 hasta su cese ocurrido el 14 de febrero de 1868. Fue nombrado Caballero de Gracia de la Orden de San Juan. Casó el 1 de septiembre de 1838 con Antonia Carbonell y Segura, nacida en marzo de 1824. El matrimonio tuvo un único varón llamado Pedro Donoso-Cortés y Carbonell.

Pedro Juan María del Pilar Eusebio Agapito Donoso-Cortés y Carbonell nació en Madrid el 18 de agosto de 1854 y falleció en Lora del Río (Sevilla) en la mañana del 24 de diciembre de 1885 con motivo del descarrilamiento del tren correo de Mérida a Sevilla.

3.8. Descendencia de Pedro María Vicente de Jesús Donoso-Cortés y Fernández-Canedo.

Emilio Luis Eustaquio Donoso-Cortés Barcenilla nació en Salamanca el 20 de septiembre de 1834 y falleció en Badalona (Barcelona) el 15 de julio de 1903[160], a causa de asistolia; se encuentra enterrado en el cementerio de

---

[160] Registro Civil de Badalona, Sección 3ª, Tomo 34, Folio 82.

Barcelona. Vicecónsul en Callao (Perú) en 1866 y Alcalde-Corregidor de Don Benito entre el 24 de enero de 1867 y el 5 de junio del mismo año. A la muerte de su abuelo, acaecida el 2 de febrero de 1854, le sucede como tercer marqués de Valdegamas. Contrajo matrimonio en Salamanca el 17 de septiembre de 1853 con Justa Martínez de Céspedes y Gómez de Liaño, fallecida en junio de 1913. El matrimonio tuvo seis hijos llamados María Elena, María Ignacia, Pedro María, María Manuela, Mauricio y Pedro Donoso-Cortés y Martínez de Céspedes (ver *Descendencia de Emilio Luis Eustaquio Donoso-Cortés Barcenilla*).

Ricardo Trifón Valentín Donoso-Cortés Barcenilla nació en Ávila (Cáceres) el 14 de febrero de 1838 y falleció en Madrid el 12 de abril de 1881, a consecuencia de tuberculosis pulmonar. Ocupó puestos en Hacienda y Correos. Contrajo matrimonio en Salamanca el 9 de enero de 1859 con Martina Romero-Tinoco y Gutiérrez, natural de Valladolid y fallecida el 31 de mayo de 1875. El matrimonio tuvo cinco hijos llamados Luis, Mariano, Amalia, Enrique y Ricardo Donoso-Cortés Romero (ver *Descendencia de Ricardo Trifón Valentín Donoso-Cortés Barcenilla*).

Elena Inocencia Marcelina Donoso-Cortés Barcenilla nació en Salamanca el 18 de junio de 1839 y fue bautizada el 26 del mismo mes y año en la Iglesia Parroquial de San Martín de Salamanca.

María Josefa de San Juan Donoso-Cortés Barcenilla nació en Don Benito el 27 de diciembre de 1840 y falleció en Madrid en julio de 1912. Contrajo matrimonio con Martín Botella y Belda, con el cual tuvo a seis hijos llamados Julio, Juan, José, Martín, Sixto y María Botella Donoso-Cortés (ver *Descendencia de María Josefa de San Juan Donoso-Cortés Barcenilla*).

Juan Marcos Agustino Donoso-Cortés Barcenilla nació en Madrid el 30 de diciembre de 1844 y fue bautizado el día 4 de enero de 1845 en la Iglesia Parroquial de Santa María la Real de la Almudena. Familiarmente era conocido como "Juanito". Contrajo matrimonio con Teresa Castellanos y Marín, nacida en 1847 y fallecida el 20 de febrero de 1931. El matrimonio tuvo cuatro hijos llamados Juan, Guadalupe, María Teresa y Rafael Donoso-Cortés Castellanos.

Juan Donoso-Cortés Castellanos nació en Madrid el 3 de febrero de 1876 y falleció en la misma ciudad el 1 de febrero de 1935[161], a consecuencia de una angina de pecho. Ocupó los cargos de Gobernador Civil de León por Decreto desde el 28 de julio de 1931, Secretario del Gobernador Civil de Vizcaya y Jefe de la Sección de Orden Público del Ministerio de la Gobernación. Contrajo matrimonio con Leonor Rivera Echegaray, con la cual no tuvo sucesión.

Guadalupe Donoso-Cortés Castellanos casó con su primo hermano, Julio Botella Donoso-Cortés, siendo padres de seis hijos llamados Julio, Juan, José, Martín, Sixto y María Botella Donoso-Cortés (ver *Descendencia de María Josefa de San Juan Donoso-Cortés Barcenilla*).

María Teresa Donoso-Cortés Castellanos nació en Bilbao en 1893 y falleció en Madrid el 3 de agosto de 1913[162], a consecuencia de fiebre tifoidea; se encuentra sepultada en el cementerio de La Almudena.

Rafael Donoso-Cortés Castellanos casó con Amparo Vázquez.

---

[161] Registro Civil Único de Madrid, Sección 3ª, Tomo 185-3, Folio 206.
[162] Registro Civil Único de Madrid, Sección 3ª, Tomo 135-3, Folio 152v.

3.9. Descendencia de Manuel Anselmo Cleto Donoso-Cortés y Fernández-Canedo.

Isabel Cristina Martina de Jesús Donoso-Cortés Gómez-Valadés nació en Don Benito el 12 de noviembre de 1833[163]. Elena Generosa María del Carmen Donoso-Cortés Gómez-Valadés nació en Don Benito el 17 de julio de 1828[164]

---

[163] Archivo Parroquial de la Iglesia de Santiago Apóstol de Don Benito, Libro de bautismos 41, Folio 240v.
[164] Archivo Parroquial de la Iglesia de Santiago Apóstol de Don Benito, Libro de

y falleció en la misma Ciudad el 21 de noviembre de 1906[165] , a consecuencia de una fiebre gripal. Fundadora del Convento de las Carmelitas Descalzas de Don Benito el 30 de septiembre de 1883. Contrajo matrimonio en Don Benito con Alonso Gómez-Valadés y García de Paredes (*1819), el 29 de octubre de 1846[166], con el que tuvo diez hijos llamados María Josefa, Alfonso, María Elena, Joaquín, María Juana, María Genara, Isabel María, María Teresa, María Manuela y María de los Dolores Gómez-Valadés y Donoso-Cortés.

María Josefa Gómez-Valadés y Donoso-Cortés nació en Don Benito en el año 1853 y falleció en la misma Ciudad el 11 de mayo de 1869[167].

Alfonso Ramón Severiano Gómez-Valadés y Donoso-Cortés nació en Don Benito el 8 de noviembre de 1849[168]. Casó en Don Benito, el 19 de mayo de 1879[169], con Inés Isidora de la Adoración de los Reyes de Cáceres Fernández-Cerezo, natural de Talarrubias, con la que tuvo dos hijos llamados Alfonso Gómez-Valadés de Cáceres y otro más que desconozco. Tras quedar viuda Inés de Cáceres, ésta volvió a contraer segundas nupcias con Cayetano Alonso Díaz, con el que tuvo más descendencia.

Alfonso Gómez-Valadés de Cáceres nació en Don Benito en el año 1897. Contrajo matrimonio en Don Benito el 4 de

---

bautismos 39, Folio 53v.
[165] Archivo Parroquial de la Iglesia de Santiago Apóstol de Don Benito, Libro de defunciones 32, Folio 83.
[166] Archivo Parroquial de la Iglesia de Santiago Apóstol de Don Benito, Libro de casados 16, Folio 89.
[167] Archivo Parroquial de la Iglesia de Santiago Apóstol de Don Benito, Libro de defunciones 23, Folio 146.
[168] Archivo Parroquial de la Iglesia de Santiago Apóstol de Don Benito, Libro de bautismos 49, Folio 109v.
[169] Archivo Parroquial de la Iglesia de Santiago Apóstol de Don Benito, Libro de casados 22, Folio 183-183v.

febrero de 1921[170] con María del Carmen Nicolau Cortijo (*1900). El matrimonio tuvo dos hijos llamados Alfonso y Francisco Gómez-Valadés Nicolau.

Alfonso Roque Sebastián Telésforo Gómez-Valadés Nicolau nació en Don Benito el 5 de enero de 1928.

Francisco Gómez-Valadés Nicolau nació en Don Benito el 2 de diciembre de 1929.

¿? Gómez-Valadés de Cáceres.

María Elena Gómez-Valadés y Donoso-Cortés.

Joaquín Gómez-Valadés y Donoso-Cortés casó con María Josefa de Peralta y Torres-Cabrera, hija de los dombenitenses Miguel de Peralta e Hidalgo-Barquero y María Josefa Torres-Cabrera y González de la Laguna.

María Juana de los Inocentes Melania Gómez-Valadés y Donoso-Cortés nació en Don Benito el 28 de diciembre de 1865[171] y falleció en la misma ciudad el 27 de enero de 1934[172]. Contrajo matrimonio, en la Iglesia Parroquial de Santiago Apóstol de Don Benito, el 31 de enero de 1894[173] con Pedro María Donoso-Cortés y Martínez de Céspedes, cuarto marqués de Valdegamas. Sin descendencia.

María Genara Gómez-Valadés y Donoso-Cortés nació en Don Benito en 1847 y falleció en la misma ciudad el 6 de diciembre de 1904[174], a consecuencia de endocarditis. Contrajo matrimonio con Eusebio Donoso-Cortés Donoso-Cortés, con el que tuvo siete hijos llamados María Genara,

---

[170] Archivo Parroquial de la Iglesia de Santiago Apóstol de Don Benito, Libro de casados 25-26, Folio 213.

[171] Archivo Parroquial de la Iglesia de Santiago Apóstol de Don Benito, Libro de bautismos 61, Folio 296v.

[172] Registro Civil de Don Benito, Sección 3ª, Tomo 101, Folio 203.

[173] Archivo Parroquial de la Iglesia de Santiago Apóstol de Don Benito, Libro de casados 24, Folio 282.

[174] Registro Civil de Don Benito, Sección 3ª, Tomo 67, Folio 54.

Pedro León, Ramón, María Teresa, Alfonso, Francisca y José Donoso-Cortés y Gómez-Valadés (ver *Descendencia de Manuel Ynocentes Donoso-Cortés y Recalde Pavón*).

Isabel María de Jesús Manuela Lucas Gómez-Valadés y Donoso-Cortés nació en Don Benito el 18 de octubre de 1847[175] y falleció en la misma ciudad el 15 de diciembre de 1881[176], a consecuencia de metro-pericarditis puerperal. Contrajo matrimonio con Manuel Leopoldo de Quirós Alguacil-Carrasco, fallecido el 30 de diciembre de 1929. El matrimonio tuvo ocho hijos llamados María Elana, José, Manuel, Delfín, Alfonso, María Josefa, Joaquín y Adolfo Quirós Gómez-Valadés.

María Elena Prudencia Jacoba Quirós Gómez-Valadés nació en Don Benito el 28 de abril de 1870[177].

José de Leonisa Ignacio Orlas Quirós Gómez-Valadés nació en Don Benito el 1 de febrero de 1872[178].

Manuel Leopoldo Jorge Cleto Quirós Gómez-Valadés nació en Don Benito el 23 de abril de 1868[179] y fallece en la misma el 3 de enero de 1907[180], a consecuencia de una tuberculosis pulmonar. Casó con María Paula Sólo de Zaldívar Donoso-Cortés (*12/08/1873).

Delfín Lázaro Quirós Gómez-Valadés nació en Don Benito el 18 de diciembre de 1873[181] y falleció en la misma

---

[175] Archivo Parroquial de la Iglesia de Santiago Apóstol de Don Benito, Libro de bautismos 48, Folio 193v.

[176] Registro Civil de Don Benito, Sección 1ª, Tomo 20, Folio 147.

[177] Archivo Parroquial de la Iglesia de Santiago Apóstol de Don Benito, Libro de bautismos 64, Folio 224v.

[178] Archivo Parroquial de la Iglesia de Santiago Apóstol de Don Benito, Libro de bautismos 66, Folio 21v.

[179] Archivo Parroquial de la Iglesia de Santiago Apóstol de Don Benito, Libro de bautismos 63, Folio 178v.

[180] Archivo Parroquial de la Iglesia de Santiago Apóstol de Don Benito, Libro de defunciones 32, Folio 86-86v.

el 11 de agosto de 1936. Contrajo matrimonio con María de los Dolores Concepción de Peralta Donoso-Cortés (08/12/1878-26/08/1924).

Alfonso Luis María de Jesús Quirós Gómez-Valadés nació en Don Benito el 21 de junio de 1876[182] y falleció en la misma Ciudad el 10 de junio de 1896[183].

María Josefa Victoriana Paula Quirós Gómez-Valadés nació en Don Benito el 12 de enero de 1878[184] y falleció en la misma Ciudad el 29 de noviembre de 1893.

Joaquín José Genaro Mauricio Quirós Gómez-Valadés nació en Don Benito el 19 de septiembre de 1879[185] y falleció en la misma Ciudad el 4 de noviembre de 1898[186].

Adolfo Gustavo Quirós Gómez-Valadés nació en Don Benito el 19 de diciembre de 1881[187] y falleció en la misma Ciudad el 10 de octubre de 1897.

María Teresa de Jesús Bonifacia Gómez-Valadés y Donoso-Cortés nació en Don Benito el 14 de mayo de 1854[188] y falleció en la misma ciudad el 5 de febrero de 1871[189].

---

[181] Archivo Parroquial de la Iglesia de Santiago Apóstol de Don Benito, Libro de bautismos 66, Folio 91v.

[182] Archivo Parroquial de la Iglesia de Santiago Apóstol de Don Benito, Libro de bautismos 69, Folio 54v.

[183] Archivo Parroquial de la Iglesia de Santiago Apóstol de Don Benito, Libro de defunciones 30, Folio 366.

[184] Archivo Parroquial de la Iglesia de Santiago Apóstol de Don Benito, Libro de bautismos 70, Folio 111.

[185] Archivo Parroquial de la Iglesia de Santiago Apóstol de Don Benito, Libro de bautismos 72, Folio 5.

[186] Archivo Parroquial de la Iglesia de Santiago Apóstol de Don Benito, Libro de defunciones 31, Folio 7v.

[187] Archivo Parroquial de la Iglesia de Santiago Apóstol de Don Benito, Libro de bautismos 73, Folio 263v.

[188] Archivo Parroquial de la Iglesia de Santiago Apóstol de Don Benito, Libro de casados 53, Folio 56v.

[189] Archivo Parroquial de la Iglesia de Santiago Apóstol de Don Benito, Libro de

María Manuela Juana Ladisla Gómez-Valadés y Donoso-Cortés nació en Don Benito el 24 de junio de 1849[190]. Contrajo matrimonio en Don Benito, el 10 de marzo de 1878[191], con Ramón Ezequiel María de los Dolores Nicolás Donoso-Cortés y Donoso-Cortés (*06/12/1855 - +1924). Sin sucesión.

María de los Dolores Tomaida Liduvina y Visia Gómez-Valadés y Donoso-Cortés nació en Don Benito el 12 de abril de 1862[192] y falleció en la misma Ciudad el 17 de marzo de 1887[193]. Ingresó en el Convento de las Carmelitas Descalzas de Don Benito, llamándose religiosamente como "Hermana Dolores de Jesús". Se dio sepultura a su cadáver en el Cementerio del Claustro del Convento de las Carmelitas Descalzas de Don Benito.

3.10. Descendencia de Ramón Domingo Juan Neopomuceno Donoso-Cortés y Fernández-Canedo.

Enrique José Gualberto Guillermo Donoso-Cortés Solo de Zaldívar nació en Don Benito el 12 de julio de 1840[194] y fallece en la misma ciudad el 23 de febrero de 1908[195], a consecuencia de una pulmonía gripal. Ocupó el cargo de

---

defunciones 24, Folio 96.

[190] Archivo Parroquial de la Iglesia de Santiago Apóstol de Don Benito, Libro de bautismos 57, Folio 68v-69.

[191] Archivo Parroquial de la Iglesia de Santiago Apóstol de Don Benito, Libro de casados 22, Folio 124v-125.

[192] Archivo Parroquial de la Iglesia de Santiago Apóstol de Don Benito, Libro de bautismos 59, Folio 156.

[193] Archivo Parroquial de la Iglesia de Santiago Apóstol de Don Benito, Libro de defunciones 29, Folio 267v.

[194] Archivo Parroquial de la Iglesia de Santiago Apóstol de Don Benito, Libro de bautismos 44, Folio 247.

[195] Archivo Parroquial de la Iglesia de Santiago Apóstol de Don Benito, Libro de defunciones 32, Folio 122v.

Senador del Reino por la provincia de Badajoz entre 1898-1899 y 1901-1902. Contrajo matrimonio, en la Iglesia Parroquial de Santiago Apóstol de Don Benito, el 27 de febrero de 1861[196] con María Tiburcia Susana Antonia Ladrón de Guevara y Fernández de Henestrosa, nacida en Don Benito el 11 de agosto de 1840[197] y fallecida en la misma Ciudad el 26 de febrero de 1872[198]. Sin sucesión.
Manuela María Irene Donoso-Cortés Solo de Zaldívar nació en Don Benito el 20 de octubre de 1842[199].
Elena María Eusebia Celedonia Donoso-Cortés Solo de Zaldívar nació en Don Benito el 3 de marzo de 1850.
Santiago Donoso-Cortés Solo de Zaldívar nació en Don Benito en el año 1844 y falleció en la misma Ciudad el 7 de octubre de 1912[200], a consecuencia de tuberculosis pulmonar. Oficial de Administración Militar de Badajoz, Comisario retirado de Guerra. Contrajo matrimonio con María de los Dolores Navarro y Contreras, nacida en Bornos (Cádiz) en 1853 y fallecida en Don Benito el 18 de marzo de 1920[201]. Fruto del matrimonio nacieron cinco hijos llamados Enrique, María Luisa, María Teresa, Ramón y Pedro Donoso-Cortés Navarro.

---

[196] Archivo Parroquial de la Iglesia de Santiago Apóstol de Don Benito, Libro de casados 19, Folio 130v.

[197] Archivo Parroquial de la Iglesia de Santiago Apóstol de Don Benito, Libro de bautismos 44, Folio 257v.

[198] Archivo Parroquial de la Iglesia de Santiago Apóstol de Don Benito, Libro de defunciones 24, Folio 169.

[199] Archivo Parroquial de la Iglesia de Santiago Apóstol de Don Benito, Libro de bautismos 46, Folio 24.

[200] Archivo Parroquial de la Iglesia de Santiago Apóstol de Don Benito, Libro de defunciones 32, Folio 275v.

[201] Archivo Parroquial de la Iglesia de Santiago Apóstol de Don Benito, Libro de defunciones 33, Folio 119v.

Enrique Francisco Santiago Guillermo Pedro Donoso-Cortés Navarro nació en Don Benito el 22 de febrero de 1876[202].

María Luisa Marcelina Donoso-Cortés Navarro nace en Badajoz el 18 de junio de 1878[203], siendo bautizada el 29 de junio del mismo año en la Catedral de San Juan Bautista de Badajoz y falleció en Don Benito el 6 de mayo de 1922[204].

María Teresa Donoso-Cortés Navarro nació en Jerez de los Caballeros en 1884 y falleció en la misma ciudad el 17 de noviembre de 1942[205], a causa de un cáncer de esófago.

Ramón Donoso-Cortés Navarro ocupó el cargo de Teniente Coronel de Infantería y delegado gubernativo de los partidos judiciales de Don Benito y Almendralejo.

Pedro Eleuterio José Luis Valentín María del Carmen Donoso-Cortés Navarro nació en Badajoz el 3 de noviembre de 1879[206], siendo bautizado el 12 de noviembre del mismo año en la Catedral de San Juan Bautista de Badajoz. Falleció en Badajoz el 9 de octubre de 1943. Fue Capitán del Batallón de la Segunda Reserva, de Villanueva de la Serena. Contrajo matrimonio en la Iglesia Parroquial de Santiago Apóstol de Don Benito, el 15 de octubre de 1911, con Eladia Hidalgo-Barquero y Alguacil-Carrasco (*1884).

Guillermo Pedro de Alcántara Donoso-Cortés Solo de Zaldívar nació en Don Benito el 19 de octubre de 1852[207] y

---

[202] Archivo Parroquial de la Iglesia de Santiago Apóstol de Don Benito, Libro de bautismos del Curato Castrense de Don Benito que principia en 16 de agosto de 1873, Folio 4v.

[203] Registro Civil de Badajoz, Sección 1ª, Tomo 17, Folio 187.

[204] Archivo Parroquial de la Iglesia de Santiago Apóstol de Don Benito, Libro de defunciones 33, Folio 194v-195.

[205] Archivo Parroquial de la Iglesia de Santiago Apóstol de Don Benito, Libro de defunciones 35, Folio 235.

[206] Registro Civil de Badajoz, Sección 1ª, Tomo 20, Folio 17.

[207] Archivo Parroquial de la Iglesia de Santiago Apóstol de Don Benito, Libro de

falleció en la misma ciudad el 2 de diciembre de 1908[208], a consecuencia de una endocarditis. Contrajo matrimonio el 25 de noviembre de 1881[209] con María del Pilar de Quirós Alguacil-Carrasco, nacida en Don Benito el 12 de octubre de 1859[210] y fallecida en la misma ciudad el 7 de junio de 1934[211]. El matrimonio tuvo cuatro hijos llamados María de la Asunción, Fernanda María, María Josefa y Demetrio Donoso-Cortés Quirós.

María de la Asunción Antonia Enriqueta Donoso-Cortés Quirós nació en Don Benito el 29 de octubre de 1882[212] y falleció en la misma el 3 de enero de 1941[213], a causa de una embolia cardiaca. Casó en la Iglesia Parroquial de Santiago Apóstol de Don Benito con Ramón Donoso-Cortés y Gómez-Valadés. El matrimonio tuvo dos hijas llamadas María del Pilar y María Genara Donoso-Cortés y Donoso-Cortés (ver *Descendencia de Ramón Donoso-Cortés y Gómez-Valadés*).

Fernanda María Josefa Fidela Donoso-Cortés Quirós nació en Don Benito el 28 de octubre de 1884[214] y fallece en la misma Ciudad el 6 de abril de 1936. Contrae matrimonio en la Iglesia Parroquial de Santiago Apóstol de Don Benito

---

bautismos 51, Folio 158v.

[208] Registro Civil de Don Benito, Sección 3ª, Tomo 74, Folio 22.

[209] Archivo Parroquial de la Iglesia de Santiago Apóstol de Don Benito, Libro de casados 23, Folio 75v.

[210] Archivo Parroquial de la Iglesia de Santiago Apóstol de Don Benito, Libro de bautismos 57, Folio 139v.

[211] Registro Civil de Don Benito, Sección 3ª, Tomo 101, Folio 272.

[212] Archivo Parroquial de la Iglesia de Santiago Apóstol de Don Benito, Libro de bautismos 74, Folio 148.

[213] Archivo Parroquial de la Iglesia de Santiago Apóstol de Don Benito, Libro de defunciones 35, Folio 105.

[214] Archivo Parroquial de la Iglesia de Santiago Apóstol de Don Benito, Libro de bautismos 75, Folio 304v.

con José Donoso-Cortés y Gómez-Valadés. El matrimonio tiene tres hijos llamados Guillermo, Josefa y Eusebio Donoso-Cortés y Donoso-Cortés (ver *Descendencia de José Donoso-Cortés y Gómez-Valadés*).

María Josefa Francisca Antonia Candela Donoso-Cortés Quirós nació en Don Benito el 29 de enero de 1889[215].

Demetrio Donoso-Cortés Quirós nació en Don Benito el 26 de agosto de 1892[216].

Manuela María Rosenda Donoso-Cortés Solo de Zaldívar nació en Don Benito el 1 de marzo de 1854[217] y falleció en la misma ciudad el 14 de mayo de 1911. Contrajo matrimonio con Ramón de Peralta Gallardo, nacido en Don Benito en 1851 y fallecido en la misma ciudad el 5 de julio de 1919; Ramón fue Alcalde de Don Benito entre el 18 de agosto de 1881 y el 1 de abril de 1884. El matrimonio tuvo doce hijos llamados Francisco Bonifacio, Ramón, Enrique, Elena, María Luisa, Francisco Tomás, Matilde, María del Pilar, Asunción, María Dolores, Eusebio e Isabel de Peralta Donoso-Cortés.

Francisco Bonifacio de Peralta Donoso-Cortés nació en Don Benito el 14 de mayo de 1887[218].

---

[215] Archivo Parroquial de la Iglesia de Santiago Apóstol de Don Benito, Libro de bautismos 77, Folio 248.

[216] Archivo Parroquial de la Iglesia de Santiago Apóstol de Don Benito, Libro de bautismos 79, Folio 29.

[217] Archivo Parroquial de la Iglesia de Santiago Apóstol de Don Benito, Libro de bautismos 53, Folio 20v-21.

[218] Archivo Parroquial de la Iglesia de Santiago Apóstol de Don Benito, Libro de bautismos 76, Folio 353v.

Ramón Luis Eustaquio de Peralta Donoso-Cortés nació en Don Benito el 20 de septiembre de 1876[219] y falleció en la misma ciudad el 2 de enero de 1915.

Enrique Vicente Ignacio de Peralta Donoso-Cortés nació en Don Benito el 22 de febrero de 1885[220].

Elena María Manuela Saturnina de Peralta Donoso-Cortés nació en Don Benito el 11 de febrero de 1896[221].

María Luisa Marina de Peralta Donoso-Cortés nació en Don Benito el 26 de diciembre de 1892[222].

Francisco Tomás de Peralta Donoso-Cortés nació en Don Benito el 21 de diciembre de 1891[223].

Matilde de la Natividad de Peralta Donoso-Cortés nació en Don Benito el 25 de diciembre de 1885[224].

María del Pilar Guillerma de Peralta Donoso-Cortés nació en Don Benito el 8 de julio de 1872[225].

---

[219] Archivo Parroquial de la Iglesia de Santiago Apóstol de Don Benito, Libro de bautismos 69, Folio 96.

[220] Archivo Parroquial de la Iglesia de Santiago Apóstol de Don Benito, Libro de bautismos 75, Folio 348.

[221] Archivo Parroquial de la Iglesia de Santiago Apóstol de Don Benito, Libro de bautismos 80, Folio 181.

[222] Archivo Parroquial de la Iglesia de Santiago Apóstol de Don Benito, Libro de bautismos 79, Folio 96.

[223] Archivo Parroquial de la Iglesia de Santiago Apóstol de Don Benito, Libro de bautismos 78, Folio 317v.

[224] Archivo Parroquial de la Iglesia de Santiago Apóstol de Don Benito, Libro de bautismos 76, Folio 94.

María Asunción Elena Bernarda de Peralta Donoso-Cortés nació en Don Benito el 12 de marzo de 1880[226]. Casó en Don Benito el 3 de junio de 1921[227] con Enrique Martín Hernández, nacido en el año 1883 en Ávila y fallecido en Don Benito el 1 de agosto de 1936, que ocupó los cargos de Capitán de Intendencia y Presidente del Sindicato Católico Agrario de Don Benito.

María de los Dolores Concepción de Peralta Donoso-Cortés nació en Don Benito el 8 de diciembre de 1878[228] y fallece en la misma Ciudad el 26 de agosto de 1924[229]. Contrajo matrimonio con Delfín Lázaro de Quirós Gómez-Valadés (18/12/1873-11/08/1936).

Eusebio de Peralta Donoso-Cortés.

Isabel de Peralta Donoso-Cortés nació en Don Benito el 22 de octubre de 1883[230] y fallece en la misma Ciudad el 29 de marzo de 1947[231]. Contrae matrimonio con Rafael de Peralta Cáceres (1884-1938). El matrimonio tiene seis hijos llamados Eusebio, Rafael, José, Gregorio, Enrique e Isabel de Peralta Peralta.

---

[225] Archivo Parroquial de la Iglesia de Santiago Apóstol de Don Benito, Libro de bautismos 74, Folio 96v.

[226] Archivo Parroquial de la Iglesia de Santiago Apóstol de Don Benito, Libro de bautismos 72, Folio 83v.

[227] Archivo Parroquial de la Iglesia de Santiago Apóstol de Don Benito, Libro de casados 25-26, Folio 217.

[228] Archivo Parroquial de la Iglesia de Santiago Apóstol de Don Benito, Libro de bautismos 71, Folio 72.

[229] Archivo Parroquial de la Iglesia de Santiago Apóstol de Don Benito, Libro de defunciones 33, Folio 302v-303.

[230] Archivo Parroquial de la Iglesia de Santiago Apóstol de Don Benito, Libro de bautismos 75, Folio 116.

[231] Registro Civil de Don Benito, Sección 3ª, Tomo 110, Folio 12v.

Eusebio de Peralta Peralta.
Rafael de Peralta Peralta.
Gregorio de Peralta Peralta.
Enrique de Peralta Peralta.
Isabel de Peralta Peralta.
José de Peralta Peralta casó con Eugenia Carvajal Farrona, fallecida el 4 de enero de 2012. De oficio practicante. El matrimonio tuvo tres hijos llamados Isabel, Juan y José de Peralta Carvajal.
Isabel de Peralta Carvajal casó con Manuel Manzano y fueron padres de dos hijas llamadas Isabel María y Marina Manzano de Peralta.
Isabel María Manzano de Peralta contrae matrimonio con Víctor Manuel Calzadilla. El matrimonio tiene una niña llamada Ana Calzadilla Manzano.
Ana Calzadilla Manzano.
Marina Manzano de Peralta contrae matrimonio con Gaurov Tolia.
Juana de Peralta Carvajal contrae matrimonio con Cándido José Gálvez. El matrimonio tiene un hijo llamado Cándido José Gálvez de Peralta.
Cándido José Gálvez de Peralta.
José Antonio de Peralta Carvajal contra matrimonio con María de las Cruces Gómez. El matrimonio es padre de dos hijos llamados Damián y José Antonio de Peralta Gómez.
Damián de Peralta Gómez.
José Antonio de Peralta Gómez.
María Luisa Guillerma Donoso-Cortés Solo de Zaldívar nace en Don Benito el 25 de de agosto de 1848[232] y fallece en Badajoz el 9 de febrero de 1876[233], a causa de una

---

[232] Archivo Parroquial de la Iglesia de Santiago Apóstol de Don Benito, Libro de bautismos 48, Folio 164.

84

afección del corazón y en el segundo día de puerperio (cuarentena existente tras el parto). Llamada familiarmente "Luisita". Contrajo matrimonio con Juan Solo de Zaldívar e Hidalgo-Chacón, oficial 1º de Administración Militar. El matrimonio tuvo cinco hijos llamados Francisco, Ramón, María Paula, Santiago y Emilia Solo de Zaldívar Donoso-Cortés.

Francisco Solo de Zaldívar Donoso-Cortés nace en Badajoz.

Ramón Solo de Zaldívar Donoso-Cortés nace en Badajoz. Estudió en la Facultad de Derecho de la Universidad Central.

María Paula Solo de Zaldívar Donoso-Cortés nació en Don Benito el 12 de agosto de 1873[234]. Contrajo primeras nupcias en Don Benito con Manuel Leopoldo Jorge Cleto Quirós Gómez-Valadés (23/04/1868-03/01/1907), sin sucesión. Casó en Don Benito, en segundas nupcias, el 10 de noviembre de 1918[235] con José Enrique Alfonso y Lezana (*1876, Arnedo, Logroño), viudo de Amalia Barcanes Martínez; sin sucesión.

Santiago Juan Luis Solo de Zaldívar Donoso-Cortés nace en Badajoz el 8 de febrero de 1876[236], siendo bautizado en la Catedral de San Juan Bautista de la misma Ciudad el 9 de febrero de 1876.

Emilia Luisa Juana Solo de Zaldívar Donoso-Cortés nace en Badajoz el 8 de febrero de 1876[237], siendo bautizada en la

---

[233] Registro Civil de Badajoz, Sección 3ª, Tomo 13, Folio 126.
[234] Archivo Parroquial de la Iglesia de Santiago Apóstol de Don Benito, Libro de bautismos del Curato Castrense de Don Benito que principia en 16 de agosto de 1873, Folio 1.
[235] Archivo Parroquial de la Iglesia de Santiago Apóstol de Don Benito, Libro de casados 25-26, Folio 189-189v.
[236] Registro Civil de Badajoz, Sección 1ª, Tomo 13, Folio 15.
[237] Registro Civil de Badajoz, Sección 1ª, Tomo 13, Folio 14.

Catedral de San Juan Bautista de la misma Ciudad el 9 de febrero de 1876.

3.11. Descendencia de Emilio Luis Eustaquio Donoso-Cortés Barcenilla

María Elena Donoso-Cortés Martínez de Céspedes.
María Ignacia Donoso-Cortés Martínez de Céspedes falleció en Madrid el 18 de marzo de 1925. Fue Presidenta de la Visita Domiciliaria de la Virgen Milagrosa de la Iglesia de San Vicente de Paúl de Madrid.

Pedro María Donoso-Cortés Martínez de Céspedes nació en Madrid el 1 de agosto de 1866 y fallece en Don Benito el 4 de abril de 1924[238], a consecuencia de una congestión pulmonar. Contrajo matrimonio en la Iglesia Parroquial de Santiago Apóstol de Don Benito, el 31 de enero de 1894[239], con María Juana Gómez-Valadés Donoso-Cortés. Al fallecer su padre el 15 de julio de 1903, le sucede como cuatro marqués de Valdegamas. Sin sucesión.

María Manuela Francisca Engracia Donoso-Cortés Martínez de Céspedes nació en Don Benito el 9 de marzo de 1867[240]. Contrajo matrimonio con Carlos Ossorio y Gallardo, fallecido el 17 de enero de 1921. El matrimonio tiene siete hijos llamados Manuel, Emilia Justa, Emilia Consuelo, Carlos, Carmen, Manuela y Mercedes Ossorio Donoso-Cortés (ver *Descendencia de María Manuela Donoso-Cortés Martínez de Céspedes*).

Mauricio Donoso-Cortés Martínez de Céspedes nació en Madrid el 29 de abril de 1875 y fallece en la misma ciudad el 27 de febrero de 1951[241], a consecuencia de asma

---

[238] Archivo Parroquial de la Iglesia de Santiago Apóstol de Don Benito, Libro de defunciones 3, Folio 289.

[239] Archivo Parroquial de la Iglesia de Santiago Apóstol de Don Benito, Libro de casados 24, Folio 282.

[240] Archivo Parroquial de la Iglesia de Santiago Apóstol de Don Benito, Libro de bautismos 62, Folio 215v.

[241] Registro Civil Único de Madrid, Sección 3ª, Tomo 243, Folio 70v.

bronquial. Ocupó el puesto de Jefe Superior de Administración Civil del Ministerio de Obras Públicas. Contrajo matrimonio con Ángeles Zahonero y Nagot. Sin sucesión.
Pedro Donoso-Cortés Martínez de Céspedes. Falleció antes de 1903.

3.12. Descendencia de Ricardo Trifón Valentín Donoso-Cortés Barcenilla

Luis Mariano Donoso-Cortés Romero nació en Salamanca el 22 de septiembre de 1861 y bautizado el 25 del mismo mes y año en la Iglesia Parroquial de San Martín de Salamanca. Soldado de Infantería.
Mariano Gabriel Tiburcio Donoso-Cortés Romero nació en Madrid el 11 de agosto de 1864 y bautizado el 19 del

mismo mes y año en la Iglesia Parroquial de San José de Madrid.

Amalia Segunda María de la Encarnación Victoria Iñiga María del Carmen Donoso-Cortés Romero nació en Madrid el 1 de junio de 1867 y bautizada el día 4 del mismo mes y año en la Iglesia Parroquial de San Ildefonso de Madrid.

Enrique Valentín Donoso-Cortés Romero nació en Madrid el 16 de diciembre de 1871.

Ricardo Andrés Donoso-Cortés Romero nació en Salamanca el 30 de noviembre de 1858 y falleció en Madrid el 14 de marzo de 1915. Fue bautizado el 3 del de diciembre del mismo año en la Iglesia Parroquial de San Martín de Salamanca. Ocupó los cargos de Teniente Coronel de Infantería y Alférez del Batallón y Regimiento de Infantería Isabel II nº32. Contrajo matrimonio en Valladolid el 8 de octubre de 1883[242] con Francisca de Paula Navarro Granado, nacida en Valladolid el año 1854 y fallecida en Toledo, a causa de un shock traumático, el 13 de octubre de 1928[243]. El matrimonio tuvo dos hijos llamados Ricardo y Sarah Donoso-Cortés Navarro.

Ricardo Donoso-Cortés Navarro nació en Logroño el 13 de marzo de 1888[244] y falleció en Madrid el 8 de mayo de 1926[245], a consecuencia de cirrosis hipestrófica. Fue Teniente Coronel de Infantería y reputado tratadista militar, Cruz Blanca del Mérito Militar, Ingeniero industrial y escritor. Contrajo matrimonio el 22 de noviembre de 1922 con María del Carmen Mesonero-Romanos y Barrón, nacida

---

[242] Registro Civil de Valladolid, Sección 2ª, Tomo 15-2, Folio 94v.
[243] Registro Civil de Toledo, Sección 3ª, Tomo 92, Folio 89.
[244] Registro Civil Único de Madrid, Sección 1ª, Tomo 19, Folio 143.
[245] Registro Civil Único de Madrid, Sección 3ª, Tomo 152-6, Folio 156.

en Madrid el 12 de mayo de 1897 y fallecida en la misma villa el 21 de abril de 1977. El matrimonio tuvo un único hijo llamado Ricardo Donoso-Cortés y Mesonero Romanos. **Ricardo Donoso-Cortés y Mesonero Romanos** nació en Madrid el 6 de septiembre de 1923 y fallecido en la misma ciudad el 1 de enero de 2014. Doctor Ingeniero industrial, Catedrático de dibujo y proyectos de la Escuela de Ingenieros Industriales, Profesor Ingeniero del Instituto de Psicología aplicada y Psicotecnia, Miembro del Instituto de Estudios Madrileños desde 1977 y escritor. Desde el 22 de marzo de 1993, fecha de la rehabilitación, se convierte en el quinto marqués de Valdegamas. Autor de los libros "Libros, folletos y revistas" (1852) junto a Adelardo Martínez de Lamadrid; "El Rastro, anteayer, ayer y hoy" (1985); "Una mirada a la Historia de la Cuchillería de Albacete (exposición)" (1994) junto a Rafael Martínez del Peral Fortón y Pilar Alonso Gargallo; "El despacho de mi bisabuelo Don Ramón en el recuerdo" (2004); y "Joaquín Ibarra y Marín y su familia (en cincuenta y tres partidas sacramentales y doce testamentos)" (2007). Contrajo matrimonio en la Iglesia del Espíritu Santo de Madrid, el 21 de noviembre de 1964, con Helena María Pilar Álvarez de Miranda y Álvarez, nacida en Oviedo el 19 de julio de 1929[246] . Fruto del matrimonio hubo dos hijos llamados Ricardo Alberto y Carmen Elena Donoso-Cortés Álvarez de Miranda. **Ricardo Alberto Donoso-Cortés Álvarez de Miranda** nació en Madrid el 21 de septiembre de 1965[247]. Fruto de una relación con Regina Ruiz-Casaux de Elejabeitia, nacida el 3 de abril de 1967, nace una niña llamada Carmen Donoso-Cortés Ruiz-Casaux.

---

[246] Registro Civil de Oviedo, Sección 1ª, Tomo 196, Folio 199.
[247] Registro Civil Único de Madrid, Sección 1ª, Tomo 573-3, Folio 341.

Carmen Donoso-Cortés Ruiz-Casaux nace en el Sanatorio La Milagrosa de Madrid el 22 de abril de 1987[248]. Tiene una niña llamada Sofía.

Sofía ¿? Donoso-Cortés nace el 3 de diciembre de 2013.

Carmen Elena Donoso-Cortés Álvarez de Miranda nace en Madrid el 15 de marzo de 1967. Licenciada en Psicología clínica y Psicología industrial. Contrae matrimonio con Santiago Campos de la Rocha. El matrimonio tiene dos hijos llamados Gonzalo y Helena Campos Donoso-Cortés.

Gonzalo Campos Donoso-Cortés nace en Madrid en abril del año 2003.

Helena Campos Donoso-Cortés nace en Madrid en abril del año 2003.

Sara Anastasia Martina Carmen Donoso-Cortés Navarro nació en San Sebastián el 21 de octubre de 1884[249] y falleció en Madrid el 27 de septiembre de 1961[250], a consecuencia de carcinoma gástrico. Condecorada con la Cruz Laureada de San Fernando, colectiva por la defensa del Alcázar de Toledo. Contrajo matrimonio con Adolfo Lodo Vázquez, nacido en Leganés (Madrid) el 23 de julio de 1885 y fallecido en Leganés el 23 de abril de 1968[251], a consecuencia de un edema agudo de pulmón. Adolfo ocupó los siguientes cargos y distinciones: Teniente Coronel de Infantería, Coronel de Estado Mayor, Defensor del Alcázar de Toledo, Cruz Laureada de San Fernando (colectiva), Placa de Coronel de San Hermenegildo, Caballero y Comendador de la Corona de Italia, Comendador de la Orden de San Benito de Avis de Portugal, Comendador de

---

[248] Registro Civil Único de Madrid, Sección 1ª, Tomo 27-2, Folio 501.
[249] Registro Civil de Donostia-San Sebastián, Sección 1ª, Tomo 38, Folio 56
[250] Registro Civil Único de Madrid, Sección 3ª, Tomo 273-3, Folio 429.
[251] Registro Civil Único de Madrid, Sección 3ª, Tomo 301-3, Folio 241.

número de la Mehdauia, Placa de María Cristina, Medalla de Sufrimientos por la Patria, Cruz de Guerra, varias cruces rojas, Medalla de la Campaña, Medalla de Marruecos, Medalla de la Paz de Marruecos, etc. El matrimonio tuvo tres hijos llamados María de la Aurora, Sara y Adolfo Lodo Donoso-Cortés.

María de la Aurora Lodo Donoso-Cortés nació en Madrid en 1924 y falleció en Toledo el 1 de julio de 1937[252], a consecuencia de meningitis.

Sara Lodo Donoso-Cortés contrajo matrimonio con Pedro Montejo Rodríguez.

Adolfo Lodo Donoso-Cortés nació en la Ciudad y Plaza fuerte de Melilla el 13 de julio de 1915[253] y falleció en Cáceres el 9 de enero de 1989[254], a consecuencia de un infarto cardiaco congestivo. Licenciado en Derecho, ocupó los cargos de Alférez de Regulares de Tetuán, Coronel de Infantería y Defensor del Alcázar de Toledo. Fue condecorado como Caballero Mutilado y Laureado de San Fernando. Contrajo matrimonio con Manuela María de Mayoralgo y Martín, nacida en Cáceres en 1924. El matrimonio tuvo cuatro hijos llamados María Manuela, Adolfo, María Matilde y José Miguel Lodo de Mayoralgo.

María Manuela Lodo de Mayoralgo contrajo matrimonio con Javier Rodríguez Agulló.

Adolfo Lodo de Mayoralgo.

María Matilde Lodo de Mayoralgo.

José Miguel Carlos Víctor Lodo de Mayoralgo nació en Cáceres el 30 de septiembre de 1950[255]. Desde el 4 de

---

[252] Registro Civil de Toledo, Sección 3ª, Tomo 98, Folio 364v
[253] Registro Civil de Melilla, Sección 1ª, Tomo 51, Folio 203.
[254] Registro Civil de Cáceres, Sección 3ª, Tomo 159, Folio 219.

septiembre de 1990, ostenta el título de IX Conde de los Acevedos. Licenciado en Derecho, notable historiador, Letrado asesor de la Diputación de la Grandeza de España, Académico de Número de la Real Academia Matritense de Heráldica y Genealogía y Correspondiente en Cáceres de la Real Academia de la Historia. En fecha 3 de Abril de 1990, mediante comparecencia y declaración ante el Encargado del Registro Civil de Madrid, de Don José Miguel Carlos Víctor Lodo de Mayoralgo, quedan invertidos los apellidos del mismo, que pasa a llamarse en lo sucesivo "Mayoralgo y Lodo".

3.13. Descendencia de María Josefa de San Juan Donoso-Cortés Barcenilla

Julio Botella Donoso-Cortés nació en 1870 y falleció en Madrid el 22 de abril de 1952. De oficio abogado, contrajo matrimonio con Guadalupe Donoso-Cortés Castellanos. Fruto de este enlace nació un niño que murió muy joven.
Juan Botella Donoso-Cortés fue Teniente Coronel de Artillería. Contrajo matrimonio con María Florentina López del Castillo González, fallecida el 28 de agosto de 1971. El

---

255 Registro Civil de Cáceres, Sección 1ª, Tomo 143, Folio 30v.

matrimonio tuvo cinco hijos llamados María Luisa, Juan, Francisco Javier, Sixto y José Botella López del Castillo.

María Luisa Botella López del Castillo.

Juan Botella López del Castillo contrajo matrimonio con María del Carmen Atienza, con la cual tuvo tres hijos llamados Javier, Juan e Isabel Botella Atienza.

Javier Botella Atienza.

Juan Botella Atienza.

Isabel Botella Atienza.

Francisco Javier Botella López del Castillo contrajo matrimonio con Julia Pérez Secades, con la que tuvo una niña llamada Carmen Botella Pérez.

Carmen Botella Pérez.

Sixto Botella López del Castillo contrajo matrimonio con Marina Gundín Cerdán, con la que tuvo dos hijos llamados Carlos y María Luisa Botella Gundín.

Carlos Botella Gundín contrajo matrimonio con M. Amparo Ortin Montón, con quien tiene tres hijas llamadas Marina, Maca y Begoña Botella Ortin.

Marina Botella Ortin nació en Madrid.

Maca Botella Ortin nació en Madrid. Contrajo matrimonio con Emilio Prieto, natural de Talavera de la Reina.

Begoña Botella Ortin nació en Madrid. Casada y con dos hijos, un niño y una niña (Adriana).

María Luisa Botella Gundín contrajo matrimonio con José Matas Zapata, con quien tiene tres hijos llamados María Luisa, Marta y José Luis Matas Botella.

María Luisa Matas Botella es Profesora de Lengua Castella en el Instituto de Educación Secundaria "Sevilla La Nueva" en Madrid.

Marta Matas Botella.

José Luis Matas Botella contrajo matrimonio en Madrid en agosto de 1996 con Ana Palao Blanco.

José Botella López del Castillo contrajo matrimonio con María Isabel Martín Uriz, con quien tiene un niño llamado Juan José Botella Martín.

Juan José Botella Martín es Licenciado en Empresariales.

José Botella Donoso-Cortés nace en 1872 y fallece en Madrid el 10 de junio de 1927[256], a consecuencia de una úlcera gástrica. Contrajo matrimonio con Lucía García-Rendueles y Romero de Tejada, fallecida en el año 1939.

Martín Botella Donoso-Cortés fue Jefe de Administración Civil.

Sixto Botella Donoso-Cortés es Licenciado en Medicina, contrajo matrimonio con Isabel Enríquez Prada, nacida en 1877 y fallecida el 28 de diciembre de 1966. Fruto de este enlace nacieron cuatro hijos llamados Isabel, Aurelio, María Josefa y Sixto Botella Enríquez.

Isabel Botella Enríquez contrae matrimonio con Ignacio de Torrents Piserra, Coronel de Estado Mayor, con quien tiene dos hijos llamados Juan Ignacio y Asunción de Torrents Botella.

Juan Ignacio de Torrents Botella contrae matrimonio en enero de 1952 con María de la Piedad Sepúlveda y Alba.

Asunción de Torrents Botella.

Aurelio Botella Enríquez contra matrimonio con María Clarella Pensú, nacida en 1903 y fallecida el 21 de octubre de 1983. El matrimonio tiene dos hijos llamados Jaime y Aurelio Botella Clarella.

Jaime Botella Clarella casa con Evelyn, con la que tiene dos hijos llamados Jaime y Federico Botella.

Jaime Botella.

---

[256] Registro Civil Único de Madrid, Sección 3ª, Tomo 117-5, Folio 382.

Federico Botella.

Aurelio Botella Clarella contra matrimonio con Carmen Ruiz-Castillo Bayod, con quien tiene tres hijos llamados Miguel, Juan y Silvia Botella Ruiz-Castillo.

Miguel Botella Ruiz-Castillo nace en Madrid. Contrae matrimonio con G. Guereta, con quien tiene dos hijos llamados Fernando y María Botella Guereta.

Fernando Botella Guereta.

María Botella Guereta.

Juan Botella Ruiz-Castillo es Licenciado en Ciencias Económicas y Director General de JB Galería de Arte. Contrajo matrimonio con Mar Andreu. Fruto del matrimonio nacen dos niñas llamadas Paula y Cristina Botella Andreu.

Paula Botella Andreu nace en Madrid.

Cristina Botella Andreu nace en Madrid.

Silvia Botella Ruiz-Castillo nace en Madrid. De oficio periodista, falleció en Aravaca (Madrid) el 10 de noviembre de 2011.

María Josefa Botella Enríquez nació en 1902 y fallece en Madrid el 31 de marzo de 1981. Contrajo matrimonio con Alberto Ojembarrena Juárez, nacido en 1898 y fallecido el 23 de septiembre de 1985. El matrimonio tuvo cuatro hijos llamados José Alberto, María Isabel, María Elena y Mercedes Ojembarrena Botella (ver *Descendencia de María Josefa Botella Enríquez*).

Sixto Botella Enríquez nace en 1916 y fallece en Madrid el 12 de noviembre de 1996. Contrae matrimonio con Elisa Pérez-Bernis Meffei, nacida en 1920 y fallecida el 28 de septiembre del año 2006. El matrimonio tiene cuatro hijos llamados Julio, María del Carmen, José María y María Isabel Botella Pérez-Bernis.

Julio Botella Pérez-Bernis contrae matrimonio con María Cristina Berdejo, con quien tiene tres hijos llamados Guillermo, Ignacio y Javier Botella Berdejo.

Guillermo Botella Berdejo nace en Madrid.

Ignacio Botella Berdejo nace en Madrid.

Javier Botella Berdejo nace en Madrid. Licenciado en Ciencias de la Actividad Física y el Deporte, Máster en Formación del Profesorado en Educación Física y Personal Trainer en "Holmes Place Health Club" de Madrid.

María del Carmen Botella Pérez-Bernis contrae matrimonio con Álvaro Ortega Benayas, fallecido el 28 de junio de 1995. El matrimonio tiene dos hijos llamados Álvaro y Jaime Ortega Botella.

Álvaro Ortega Botella nace en Madrid. Entrenador en "Centro Wellness" de Madrid.

Jaime Ortega Botella.

José María Botella Pérez-Bernis contrae matrimonio con Matilde Cuesta, con quien tiene dos hijos llamados Juan y Ana Botella Cuesta.

Juan Botella Cuesta.

Ana Botella Cuesta.

María Isabel Botella Pérez-Bernis.

María Botella Donoso-Cortés.

3.14. Descendencia de María Manuela Donoso-Cortés Martínez de Céspedes

Manuel José María Emilio Justo Carlos Gregorio Ossorio Donoso-Cortés nació en Barcelona el 13 de febrero de 1894[257], siendo bautizado el 22 del mismo mes y año en la Parroquia de San Antonio Abad y Nuestra Señora de los Ángeles.

---

[257] Registro Civil de Barcelona, Sección 1ª, Tomo 41-6º, Folio 386.

Emilia Justa Manuela Ossorio Donoso-Cortés nació en Barcelona el 25 de noviembre de 1894, siendo bautizada el 8 de diciembre del mismo año en la Parroquia de San Antonio Abad y Nuestra Señora de los Ángeles.

Emilia Consuelo Justa Ossorio Donoso-Cortés fue bautizada en Barcelona el 17 de diciembre de 1895 en la Parroquia de San Antonio Abad y Nuestra Señora de los Ángeles.

Carlos Ossorio Donoso-Cortés casó con Margarita Capella, con quien tuvo cuatro hijos llamados María Gloria, Alberto, Carlos y Margarita Ossorio Capella.

María Gloria Ossorio Capella nació en Barcelona en 1936. Artista.

Alberto Ossorio Capella es Licenciado en Medicina.

Carlos Ossorio Capella emigró a Alemania desde Cataluña en los años cincuenta. Tras sus estudios en Francfort, se dedicó a la enseñanza universitaria en la propia RFA, donde aún reside.

Margarita Ossorio Capella.

Carmen Ossorio Donoso-Cortés nació en Barcelona en el año 1899 y falleció en Madrid el 17 de junio de 1988[258], a consecuencia de insuficiencia cardiaca. Contrajo matrimonio con Rafael Chías Serrano, Coronel de Infantería, fallecido el 21 de septiembre de 1975. El matrimonio tuvo tres hijos llamados Carlos, Benito y Manuel Chías Ossorio.

Carlos Chías Ossorio nació en Barcelona el 26 de febrero de 1925. Contrajo matrimonio en Sevilla, el 29 de diciembre de 1950, con Su Alteza Real Doña María de los Dolores Victoria Felipe Luisa Mercedes Carlota de Borbón-Dos Sicilias y Orleans, nacida en Madrid el 15 de noviembre de 1909 y fallecida en la misma ciudad el 11 de mayo de 1996.

---

[258] Registro Civil Único de Madrid, Sección 3ª, Tomo 27, Folio 1.

Doña Dolores se encontraba viuda, en el momento de contraer matrimonio, del Conde polaco Augustyn Józef Antonio María Pio de Czartoryski, nacido el 10 de octubre de 1907 en Varsovia (Polonia) y fallecido en Sevilla el 01 de julio de 1946, con el que se casó el 16 de Agosto de 1937 en Lausana (Suiza) y con el que tenía dos varones, Adam Karol y Ludwik Piotr Czartoryski-Borbón Krasinski y Orleans.

Benito Chías Ossorio casó en 1953 con María Elena Ojembarrena Botella, con quien tuvo siete hijos llamados Rafael, Macarena, María Elena, Patricia, Alfonso, Belén y Gonzalo Chías Ojembarrena.

Rafael Chías Ojembarrena nació en Madrid. Contrajo matrimonio con Montserrat González-Blanch Roca, teniendo el matrimonio cuatro hijos llamados María del Valle, Carmen, Miguel y Montserrat Chías González-Blanch.

María del Valle Chías González-Blanch nació en Sevilla.

Carmen Chías González-Blanch nació en Sevilla.

Miguel Chías González-Blanch nació en Sevilla.

Montserrat Chías González-Blanch nació en Sevilla.

Macarena Chías Ojembarrena nació en Madrid en 1955. Psicóloga-Psicoterapeuta acreditada por la FEAP, Especialista Universitario en Psicopatología y Salud, Máster en Psicoterapia Humanista Integrativa; Terapeuta Gestáltica, con formación en Análisis Transaccional y Psicoterapia Integrativa; miembro de la ATA, miembro de la EATA, Miembro de Honor y Secretaria de APHICE, Subdirectora del Instituto Galene de Psicoterapia y Responsable del departamento de Psicoterapia.

María Elena Chías Ojembarrena.

Patricia Chías Ojembarrena.

Alfonso Chías Ojembarrena. Empresario del sector del calzado y del cuero.

Belén Chías Ojembarrena.

Gonzalo Chías Ojembarrena nació en Madrid. Contrajo matrimonio con Fiorella Marchiandi Alberdi, con quien tiene dos hijos llamados Alberto y Paloma Chías Marchiandi.

Alberto Chías Marchiandi.

Paloma Chías Marchiandi nació en Madrid. Contrajo matrimonio con Raimundo Calvo, con quien tiene tres hijos llamados Miryam, Borja y Beatriz Calvo Chías.

Miryam Calvo Chías nace en Madrid. Contrajo matrimonio el 9 de febrero del año 2003 con Víctor M. Salcedo Chacón, nacido en Madrid. El matrimonio tiene una niña llamada Noa Salcedo Calvo.

   Noa Salcedo Calvo nace en el año 2009.

Borja Calvo Chías nace en Madrid. Contrajo matrimonio el 28 de septiembre de 2011 con Esmeralda Castillo Melgar.

Beatriz Calvo Chías nace en Madrid.

Manuel Chías Ossorio contrajo matrimonio con María del Carmen Navarro Caballero, con quien tiene una niña llamada Pilar Chías Navarro.

Pilar Chías Navarro es Arquitecto por la Escuela Técnica Superior de Arquitectura de Madrid (Universidad Politécnica de Madrid).

Manuela Ossorio Donoso-Cortés.

Mercedes Ossorio Donoso-Cortés falleció en Madrid el 1 de octubre de 1994. Contrajo matrimonio con Alejandro Córdoba Moya, Procurador de los Tribunales, fallecido el 8 de febrero de 1999. El matrimonio tuvo una niña llamada María de las Mercedes Córdoba y Ossorio.

María de las Mercedes Córdoba y Ossorio casó en Madrid en el año 1963, en la Real Basílica de Nuestra Señora de la Merced, con Gonzalo Pérez de Olaguer y Moreno. El matrimonio tuvo cuatro hijos llamados Gonzalo, Alejandro, Ignacio y Carlos Pérez de Olaguer Córdoba.

Gonzalo Pérez de Olaguer Córdoba nació en Barcelona en octubre de 1963.

Alejandro Pérez de Olaguer Córdoba nació en Barcelona en noviembre de 1964.

Ignacio Pérez de Olaguer Córdoba nació en Barcelona en 1965.

Carlos Pérez de Olaguer Córdoba nació en Barcelona en 1966.

3.15. Descendencia de María Josefa Botella Enríquez

José Alberto Ojembarrena Botella falleció el 15 de febrero de 1995. Economista. Contrajo matrimonio en 1954 con María del Carmen Castell Sepúlveda, con quien tuvo cinco hijos llamados Carmen, Cristina, José María, Alberto y Juan Tomás Ojembarrena Castell.

Carmen Ojembarrena Castell contrajo matrimonio con Enrique Alonso Redondo, con quien tuvo tres hijos llamados Almudena, Javier y Guillermo Alonso Ojembarrena.

Almudena Alonso Ojembarrena.

Javier Alonso Ojembarrena.

Guillermo Alonso Ojembarrena nace en Bilbao.

Cristina Ojembarrena Castell contrajo matrimonio con José Manuel Doral Álvarez, con quien tiene cuatro hijos (desconozco los nombres de los cuatro hijos).

José María Ojembarrena Castell nace en Cádiz. Contrajo matrimonio con Paula Martínez Donoso, con quien tiene dos hijos llamados Ignacio Ojembarrena Martínez y otro más.

Ignacio Ojembarrena Martínez nació en Madrid el 11 de mayo de 1987.

Alberto Ojembarrena Castell contrajo matrimonio con Mónica Magister Leskovic, con quien tiene dos hijos llamados Alberto y Andrea Ojembarrena Magister.

Alberto Ojembarrena Magister.

Andrea Ojembarrena Magister.

Juan Tomás Ojembarrena Castell contrajo matrimonio con Elena Vera Molina, con quien tiene un único hijo (desconozco su nombre).

María Isabel Ojembarrena Botella contrajo matrimonio con Seamus Mc-Neill.

María Elena Ojembarrena Botella contrajo matrimonio en 1953 con Benito Chias Ossorio, con quien tiene siete hijos llamados Rafael, Macarena, María Elena, Patricia, Alfonso, Belén y Gonzalo Chías Ojembarrena (ver *Descendencia de María Manuela Donoso-Cortés Martínez de Céspedes*).

Mercedes Ojembarrena Botella contrajo matrimonio con Guillermo Salvat Romero, con quien tiene tres hijos llamados Guillermo, Iñigo y Olga María Salvat Ojembarrena.

Guillermo Salvat Ojembarrena contrae matrimonio con Arancha Prados, con quien tiene una niña llamada Almudena Salvat Prados.

Almudena Salvat Prados.

Iñigo Salvat Ojembarrena contrae matrimonio con Isabel Esteve Correa, con quien tiene dos niños llamados Jaime y Jorge Salvat Esteve.

Jaime Salvat Esteve.

Jorge Salvat Esteve.

Olga María Salvat Ojembarrena contra matrimonio con Mario Cervigón, con quien tiene un varón llamado Pablo Cervigón Salvat.

Pablo Cervigón Salvat.

3.16. Otros miembros de la familia Donoso-Cortés.

Francisco Donoso-Cortés contrajo matrimonio con Antonia Oliba, nacida ésta en Mengabril. El matrimonio tuvo al menos dos hijos llamados Anselmo y Eugenio Donoso-Cortés Oliba.

Anselmo Donoso-Cortés Oliba.

Eugenio Donoso Cortés Oliba nació en Valdetorres en el año 1823 y falleció el 2 de septiembre de 1896. Licenciado en Derecho. Regidor en el Ayuntamiento de Don Benito en la legislatura inmediatamente anterior al 1 de enero de 1854 y Regidor también durante las legislaturas de fechas 01/01/1854-21/07/1854, 21/07/1854-23/10/1854. Procurador Síndico de Don Benito entre el 23 de octubre de 1854 y el 23 de septiembre de 1856. Contrajo matrimonio con Carmen García Sánchez, fallecida con solo veinticinco años. Eugenio contrajo segundas nupcias en Don Benito, el 6 de julio de 1885[259], con María Asunción García Pardo, nacida en 1838 y fallecida el 23 de febrero de 1892.

***

Víctor Donoso-Cortés Olivas casa con Dionisia García. El matrimonio tiene al menos una hembra llamada Aureliana Donoso-Cortés García.

Aureliana Donoso-Cortés García nació en 1843 y fallece en Don Benito el 11 de octubre de 1895. Contrae matrimonio con Eduardo Ruiz Donoso-Cortés. El matrimonio tiene al menos dos hijas llamadas María Magdalena de la Paz y Eladia Ángela María Ruiz Donoso-Cortés (ver *Descendencia de María Donoso-Cortés García*).

Josefa Donoso-Cortés Olivas fallece en Valdetorres en el año 1886. Contrae matrimonio con Tomás Sánchez Donoso-Cortés, fallecido en Don Benito el 28 de febrero de 1834.

***

Juan Donoso Barroso contrae matrimonio con Micaela Sánchez, con la que tiene al menos un varón llamado Juan Donoso Barroso.

---

[259] Archivo Parroquial de la Iglesia de Santiago Apóstol de Don Benito, Libro de casados 24, Folio 11v.

Juan Donoso Barroso contrae matrimonio en Don Benito el 28 de noviembre de 1775, con María Lios González, de quien tiene al menos un varón llamado Antonio Donoso-Cortés González.

Antonio Donoso-Cortés González nace en Valdetorres y fallece en la misma población el 24 de julio de 1826. Contrae matrimonio en Valdetorres el año 1803 con Catalina García Santiago, nacida en Valdetorres en 1787 y fallecida en la misma población el 13 de octubre de 1852. El matrimonio tiene al menos cuatro hijos llamados Francisca, María, Josefa, Antonia y Prudencio Donoso-Cortés García.

Francisca Donoso-Cortés García nació en Valdetorres en el año 1803. Contrajo matrimonio con Vicente Cortés Serrano. El matrimonio tuvo cinco hijos llamados Antonia, Walda, Rosalía, Juana Amalia y Concepción Cortés Donoso-Cortés (ver *Descendencia de Francisca Donoso-Cortés García*).

María Loreto Donoso-Cortés García nació en Valdetorres. Contrajo matrimonio con José Ruiz Liviano, natural de Mengabril. El matrimonio tiene al menos siete hijos llamados Josefa, Filomena, Rosa, Manuel y Eladia, Eduardo y Nicomedes Ruiz Donoso-Cortés (ver *Descendencia de María Donoso-Cortés García*).

Josefa Donoso-Cortés García contrae matrimonio con Tomás Sánchez de Mera, con quien tuvo dos hijas llamadas Modesta Silvia y Ana Lucrecia Sánchez Donoso-Cortés.

Modesta Silvia Sánchez Donoso-Cortés contrae matrimonio con Nicomedes Ruiz Donoso-Cortés, con quien tiene un hijo llamado José Ruiz Cortés (ver *Descendencia de María Donoso-Cortés García*).

Ana Lucrecia Sánchez Donoso-Cortés contrajo matrimonio con Higinio Cortés Serrano.

Antonia Donoso-Cortés García nace en Valdetorres en el año 1821 y fallece en la misma población el 6 de enero de 1870. Contrae matrimonio en Don Benito el 12 de febrero de 1831 con María Sánchez Rabanales, natural de Don Benito. El matrimonio tiene seis hijos llamados Teresa Dorotea, Tomas, Antonio, Andrés, José Eustaquio y María Celedonia Sánchez Donoso-Cortés (ver *Descendencia de Antonia Donoso-Cortés García*).

Prudencio Donoso-Cortés García. Primer Teniente de Alcalde de Don Benito entre el 23 de octubre de 1854 y el 23 de septiembre de 1856, ocupándose además de la Alcaldía entre el 20 de junio de 1856 y el 8 de julio de 1856. Regidor de Don Benito entre el 1 de enero de 1859 y el 31 de diciembre de 1860, del 1 de enero de 1861 al 31 de octubre de 1862 (en ésta legislatura fue también Procurador Síndico suplente), del 1 de noviembre de 1862 al 1 de diciembre del mismo año (también Procurador Síndico suplente), y por último en la legislatura del 2 de diciembre de 1862 al 31 de diciembre del mismo año (también Procurador Síndico suplente). Contrajo matrimonio con María Manuela García Donoso-Cortés, nacida en el año 1808 y fallecida en Don Benito el 15 de mayo de 1892[260].

---

[260] Archivo Parroquial de la Iglesia de Santiago Apóstol de Don Benito, Libro de bautismos 30, Folio 116.

3.17. Descendientes de Francisca Donoso-Cortés García.

Antonia Cortés Donoso-Cortés nació en Valdetorres.
Walda Cortés Donoso-Cortés contrajo matrimonio con Pelayo Cortés García, con quien tiene un hijo llamado Pedro Cortés Cortés.
Pedro Cortés Cortés contrajo matrimonio con Cándida Moreno Jiménez, con quien tiene tres hijos llamados Pedro, Antonio y Vicente Cortés Moreno.

Pedro Cortés Moreno contrajo matrimonio con Herminia Ruiz Pérez, con quien tiene seis hijos llamados Herminia, Pedro, María, Miguel, Antonio y Rafael Cortés Ruiz (ver *Descendencia de María Donoso-Cortés García*).

Antonio Cortés Moreno.

Vicente Cortés Moreno.

Rosalía Cortés Donoso-Cortés contrae matrimonio con Nicomedes Ruiz Donoso-Cortés. El matrimonio tiene un hijo llamado José Ruiz Cortés (ver *Descendencia de María Donoso-Cortés García*).

Concepción Cortés Donoso-Cortés.

Juana Amalia Cortés Donoso-Cortés contrae matrimonio con Nicasio Donoso-Cortés Cortés. El matrimonio tiene dos hijos llamados Aurora y Eusebio Donoso-Cortés Cortés.

Aurora Donoso-Cortés Cortés contrajo matrimonio con Antonio Mancha Lemus, con quien tiene dos hijos llamados Francisco y Amalia Mancha Donoso-Cortés.

Francisco Mancha Donoso-Cortés.

Amalia Mancha Donoso-Cortés.

Eusebio Donoso-Cortés Cortés contrajo matrimonio con Carmen Barrero Cortés, con quien tiene una hija llamada Carmen Donoso-Cortés Barrero.

Carmen Donoso-Cortés Barrero contrae matrimonio con Cipriano Manchado Parejo, Doctor Oculista. El matrimonio tiene cinco hijos llamados Asunción, Carlos, Francisco, Eusebio y Carmen Manchado Donoso-Cortés.

Asunción Manchado Donoso-Cortés.

Carlos Manchado Donoso-Cortés.

Francisco Manchado Donoso-Cortés.

Eusebio Manchado Donoso-Cortés.

Carmen Manchado Donoso-Cortés contrajo matrimonio con José Ignacio Pintó y Montero de Espinosa, fallecido en

Valdecaballeros (Badajoz) el 7 de julio de 2004. El matrimonio tiene un hijo llamado Ignacio Pintó Manchado.

Ignacio Pintó Manchado contrajo matrimonio con Belén Ballesteros López, con quien tiene dos hijas llamadas Belén y Candela Pintó Ballesteros.

Belén Pintó Ballesteros.

Candela Pintó Ballesteros.

3.18. Descendencia de María Donoso-Cortés García.

Josefa Ruiz Donoso-Cortés nace en Mengabril en el año 1841 y fallece en Don Benito el 21 de septiembre de 1916. Contrae matrimonio con Gregorio Ruiz de Cáceres. El matrimonio tiene un hijo llamado Santiago Florencio Ruiz Ruiz.

     Santiago Florencio Ruiz Ruiz nació en Don Benito el 16 de octubre de 1862[261].

---

[261] Archivo Parroquial de la Iglesia de Santiago Apóstol de Don Benito, Libro de

Filomena Ruiz Donoso-Cortés nace en 1883 y fallece el 13 de junio de 1976. Contrae matrimonio con Pedro Gálvez García-Bordallo, nacido en 1884 y fallecido el 5 de febrero de 1962. El matrimonio tiene al menos una hija llamada Elisa Gálvez Ruiz.

Elisa Gálvez Ruiz contrae matrimonio en Don Benito en el año 1935 con Gonzalo Redondo Repullés, fallecido en el año 1985 y de profesión maestro de escuela. El matrimonio tiene cuatro hijos llamados Gonzalo, María Elisa, María Teresa y María José Redondo Gálvez.

Gonzalo Redondo Gálvez nace en Don Benito el 13 de abril de 1936 y fallece en Pamplona el 18 de abril del año 2006. Profesor Ordinario de Historia en la Universidad de Navarra. Cursó sus estudios universitarios en Madrid (Universidad Central) en la Facultad de Filosofía y Letras, especialidad en Historia. Pidió la admisión en el Opus Dei el 28 de junio de 1952. Ordenado sacerdote en el año 1964.

María Elisa Redondo Gálvez.

María Teresa Redondo Gálvez.

María José Redondo Gálvez.

Rosa Ruiz Donoso-Cortés fallece el 18 de junio de 1937. Contrae matrimonio con José Guisado Ruiz, fallecido el 8 de marzo de 1999.

Manuel Federico Ruiz Donoso-Cortés nació en Don Benito el 18 de julio de 1850[262] y falleció en la misma Ciudad el 19 de octubre de 1914[263], a consecuencia de pleuro-preumonía. Médico y propietario. Casado con María Dolores de Medina Donoso-Cortés. Tuvieron al menos un

---

bautismos 59, Folio 281v.

[262] Archivo Parroquial de la Iglesia de Santiago Apóstol de Don Benito, Libro de bautismos 49, Folio 222.

[263] Archivo Parroquial de la Iglesia de Santiago Apóstol de Don Benito, Libro de defunciones 32, Folio 341v

varón llamado Juan Ruiz de Medina (ver *Descendencia de Manuel Ynocentes Donoso-Cortés y Recalde Pavón*).

Eladia Ruiz Donoso-Cortés nació en Mengabril en el año 1847 y falleció en Madrid el 15 de enero de 1910, a consecuencia de preumonía. Contrajo matrimonio con Camilo Donoso-Cortés y Donoso-Cortés. Sin sucesión.

Eduardo Ruiz Donoso-Cortés nace en Mengabril. Contrae matrimonio con Aureliana Donoso-Cortés García, natural de Valdetorres. El matrimonio tiene al menos dos hijas llamadas María Magdalena de la Paz y Eladia Ángela María Ruiz Donoso-Cortés.

María Magdalena de la Paz Ruiz Donoso-Cortés nació en Don Benito el 24 de enero de 1877.

Eladia Ángela María Ruiz Donoso-Cortés nació en Don Benito el 19 de mayo de 1878.

Nicomedes Ruiz Donoso-Cortés contrae matrimonio en primeras nupcias con Rosalía Cortés Donoso-Cortés, y segundas nupcias con Modesta Silvia Sánchez Donoso-Cortés. Fruto del primer matrimonio nació un niño llamado José Ruiz Cortés.

José Ruiz Cortés contrajo matrimonio con Petra de Llanos Quirós, con quien tiene un hijo llamado Nicomedes Ruiz de Llanos.

Nicomedes Ruiz de Llanos contrajo matrimonio con Angelina Pérez de Alvarado, tuvieron cinco hijos llamados Pepe, Herminia, Angelina, Adolfo y Rafael Ruiz Pérez.

        Pepe Ruiz Pérez contrajo matrimonio con Catalina.

Herminia Ruiz Pérez contrajo matrimonio con Pedro Cortés Moreno, con quien tuvo seis hijos llamados Herminia, Pedro, María, Miguel, Antonio y Rafael Cortés Ruiz.

Herminia Cortés Ruiz.

Pedro Cortés Ruiz.
María Cortés Ruiz.
Miguel Cortés Ruiz.
Antonio Cortés Ruiz.
Rafael Cortés Ruiz.
Angelina Ruiz Pérez contrajo matrimonio con Pelayo Cortés Jiménez.
Adolfo Ruiz Pérez.
Rafael Ruiz Pérez contrajo matrimonio con Manoli.

3.19. Descendencia de Antonia Donoso-Cortés García.

Teresa Dorotea Sánchez Donoso-Cortés nació en Don Benito el 6 de febrero de 1832.

Tomas Sánchez Donoso-Cortés nació en Don Benito el 28 de febrero de 1834. Contrajo matrimonio en Valdetorres el 28 de abril de 1879 con Encarnación Godoy Díaz, nacida en el año 1851 y fallecida en el 1895. De este matrimonio tuvo un hijo llamado José Sánchez Godoy. Contrajo segundas nupcias con Josefa Donoso-Cortés Olivas, nacida en Valdetorres en el año 1886.

José Sánchez Godoy contrajo matrimonio con María Rodríguez Jiménez, con quien tiene un hijo llamado Martín Sánchez Rodríguez.

Martín Sánchez Rodríguez contrajo matrimonio con Carmen Percamps Arias, natural de Valdetorres, con quien tuvo dos hijos llamados José y Antonio Sánchez Percamps.

José Sánchez Percamps.

Antonio Sánchez Percamps contrajo matrimonio con María Lucila Quintero Serpa, con quien tiene un hijo llamado Fernando Sánchez Quintero.

Fernando Sánchez Quintero.

Antonio Sánchez Donoso-Cortés nació en Don Benito el 5 de noviembre de 1836.

Andrés Sánchez Donoso-Cortés nació en Don Benito el 30 de noviembre de 1838.

José Eustaquio Sánchez Donoso-Cortés nació en Don Benito el 2 de noviembre de 1842.

María Celedonia Sánchez Donoso-Cortés nació en Don Benito el 3 de marzo de 1843.

4. Anexo I: Transcripciones de partidas Sacramentales y Registrales.
4.1. Partidas de bautismo y nacimiento.
Juan Cortés.

"En este dicho día (01/01/1568) bauticé a Juan hijo de Martín Cortés y su mujer, Mari Donosa, fueron sus padrinos de pila Bartolomé de Pobes y su mujer, Elena González. Rúbrica.- Alonso de Paredes"[264].

---

[264] Archivo Parroquial de la Iglesia de Santiago Apóstol de Don Benito, Libro de

Pedro Cortés.

"En veinte y cuatro días del dicho mes (24/01/1570) bauticé a Pedro, hijo de Martín Cortés y su mujer, María Donosa, fueron padrinos de pila Hernando Donoso y su mujer, Leonor Rodríguez"[265].

Juan Donoso.

"En veinte y tres días del mes de mayo de mil quinientos y noventa y ocho años, yo Fernando Rodríguez, Teniente de cura en el lugar de Don Benito bauticé a Juan, hijo de Juan Cortes y de su mujer, María Cortés. Fue su padrino Pedro Cortés, ¿? ¿?, Juan Cortés. Rúbrica.- Fernando Rodríguez"[266].

Juan Donoso Paredes.

"En la parroquial de la villa de Campanario, a quince días del mes de Octubre de mil y seiscientos y sesenta y uno, yo el Licenciado Juan Sánchez de Pardo, teniente de cura, bauticé a Juan, hijo legítimo de Juan Donoso y de Isabel de Paredes, su mujer, que nació en siete del dicho mes; fue su padrino el Licenciado Fernando Donoso, su tío, todos vecinos de esta villa, advirtiósele el parentesco y lo firmé. Rúbrica.- Licenciado Juan Sánchez Pardo"[267].

Bartolomé Donoso Paredes.

"En la parroquial de la villa de Campanario, en primer día del mes de Junio de mil seiscientos sesenta y seis años, yo Juan González de Murillo, beneficiado de la dicha Iglesia,

bautismos 1, Folio 130v.
[265] Archivo Parroquial de la Iglesia de Santiago Apóstol de Don Benito, Libro de bautismos 1, Folio 144.
[266] Archivo Parroquial de la Iglesia de Santiago Apóstol de Don Benito, Libro de bautismos 2, Folio 210.
[267] Archivo Parroquial de la Iglesia de Nuestra Señora de la Asunción de Campanario.

bauticé a Bartolomé, hijo legítimo de Juan Donoso y de Isabel de Paredes, su mujer, que nació a treinta de mayo de este año, fue su padrino Fernando Donoso, su tío, todos vecinos de esta villa, advirtiósele el parentesco, y lo firmé. Rúbrica.- Juan González de Murillo"[268].

Juan Donoso-Cortés Rodríguez.

"En la Iglesia Parroquial de Santiago de esta villa de Don Benito, a ocho días del mes de mayo de mil ochocientos diez y siete años, Fray Josef María Ramos, del consejo de Predicadores, Calificador del Consejo de la Suprema General y Santa Inquisición, Cura Rector Ecónomo de ella, en puntual cumplimiento del Superior decreto del Ilustrísimo Señor Obispo de Plasencia mi Señor, Don Antonio Carrillo Mayoral, en su Santa Visita de aún siete del mismo, por el que se me previno que en vistas de las diligencias practicadas por el Licenciado Don Pedro Donoso Cortés, señalo el extravío que se advierte de la partida de bautismo de su segundo abuelo Juan Donoso Cortés, de resultado de la batalla de Medellín acaecida en el año de ochocientos nueve, en la que los enemigos destrozaron parte de los libros parroquiales, por cuya causa sin duda se halla falto de porción de total este libro de bautizados, entre las cuales debía hallarse dicha partida; de la certificación mía que obra en dichas diligencias, y de mi informe pedido por S.Y., estampo y suplo dicha partida según lo solicita en estas diligencias, que originales obran con el referido decreto al final de este libro unidad: Habiéndolo hallado todo conforme a esta solicitud, a la partida presentada del matrimonio del dicho Juan Donoso Cortés, y en virtud de informes que he tomado, resulta que este con efecto fue hijo legítimo de Juan

---

[268] Archivo Parroquial de la Iglesia de Nuestra Señora de la Asunción de Campanario.

Donoso y de María Rodríguez, su mujer; y para que obre los efectos conducentes y evitar los grabes por inicios reclamados por dicho interesado, suplo la presente de mandato de su Señoría Ilustrísima el Obispo mi Señor, fijándola en este libro en seguida del folio trescientos trece y corresponde dicha partida al folio que va figurado de trescientos catorce por faltar este en el año de mil setecientos y nueve, y lo firmo, dando al interesado certificación a la letra de esta dicha partida, fecha ut supra. Rúbrica.- Fray Josef María Ramos"[269].

Francisco Joseph Donoso Cortés Gómez.

"En el lugar de Don Benito a doce días del mes de Febrero de mil setecientos y treinta años, Don Amador Silvestre Fernández, Cura teniente de este lugar, bauticé a Francisco Joseph, hijo legítimo de Juan Donoso y de Josepha Gómez, su mujer, el cual nació día veinte y ocho de enero próximo pasado de dicho año. Fue su padrino de pila, exorcismos y catecismo Mateo Donoso Cortés, todos vecinos de él y lo firmé. Rúbrica.- Amador Silvestre"[270].

Juan Melquiades Donoso Cortés García de Paredes.

"En la villa de Don Benito a diez y nueve días del mes de Diciembre de mil setecientos y cincuenta y cinco años, Don Miguel Gómez Cabezas Ortiz, Cura teniente de esta villa, exorcicé, catequicé y bauticé a Juan Melquiades, hijo legítimo de Francisco Donoso Cortés y de Josepha de Paredes, su mujer, vecinos de esta dicha villa, el cual nació día diez de este presente mes y año de la fecha. Fue su padrino de pila Juan Donoso Cortés, su abuelo paterno, a quien advertí el parentesco espiritual. Testigos Don Joseph

---

[269] Archivo Parroquial de la Iglesia de Santiago Apóstol de Don Benito.
[270] Archivo Parroquial de la Iglesia de Santiago Apóstol de Don Benito, Libro de bautismos 11, Folio 160v.

Camarón y Andrés Gómez Morcillo, vecinos de esta y lo firmé. Rúbrica.- Don Miguel Gómez Cabezas Ortiz"[271].

Bruno María de Juan Donoso Cortés y Vicenta Recalde Pavón.
"En la Iglesia Parroquial del Señor Santiago de esta villa de Don Benito, a doce de Octubre de mil setecientos setenta y siete, Don Juan Sánchez López, Cura teniente de ella, bauticé solemnemente a un niño que nació día seis de dicho mes al cual fue puesto por nombre Bruno María, hijo legítimo de Juan Donoso Cortés y de Vicenta Recalde Pavón, nieto de Francisco Donoso Cortés y Josepha de Paredes, abuelos paternos y maternos Jacinto Recalde Pavón y Ana María Salvador, la madre y abuelos maternos naturales de Casatejada y los demás todos vecinos y naturales de esta villa, fue su padrino que le tuvo su abuelo paterno, a quien advertí el parentesco espiritual y su obligación y lo firmé. Rúbrica.- Juan Sánchez López"[272].
Pedro León de Juan Donoso y Vicenta Recalde Pabón.
"Nota marginal.- Este fue padre del primer Marqués de Valdegamas, D. Juan Donoso Cortés.
En la Iglesia Parroquial del Señor Santiago de esta villa de Don Benito, a dos días del mes de Julio de mil setecientos ochenta años, Don Juan Rodríguez de Mera, cura teniente de ella; bauticé solemnemente un niño que nació día veinte y ocho de Junio de dicho año, al cual le fue puesto por nombre Pedro León, hijo legítimo de Juan Donoso Cortés y Vicenta

---

[271] Archivo Parroquial de la Iglesia de Santiago Apóstol de Don Benito, Libro de bautismos 17, Folio 76.
[272] Archivo Parroquial de la Iglesia de Santiago Apóstol de Don Benito, Libro de bautismos 22, Folio 280v.

117

Recalde Pavón; nieto de Francisco Donoso Cortés y Josefa García de Paredes, abuelos paternos; y maternos Jacinto Recalde Pabón y Ana María Salvador; el padre y abuelos paternos vecinos y naturales de esta villa, y la madre y abuelos maternos vecinos y naturales de la villa de Casa Tejada; fue su padrino que le tuvo Francisco Donoso, su abuelo paterno, a quién le advertí el parentesco espiritual y su obligación. Y lo firmé. Rúbrica.- Juan Rodríguez de Mera"[273].

Francisco Vicente de Juan Donoso y Vienta Recalde Pavón.
"En la Iglesia Parroquial de Señor Santiago de esta villa de Don Benito a treinta días del mes de Octubre de mil setecientos ochenta y dos años, Don Juan Valverde de Paredes, Cura teniente de ella, bauticé solemnemente a un niño que nació día veinte y siete de dicho mes u año, al cual fue puesto por nombre Francisco Vicente, hijo legítimo de Juan Donoso Cortés y Vicenta Recalde Pavón, nieto de Francisco Donoso Cortés y Josefa García de Paredes, abuelos paternos, y maternos Jacinto Recalde Pavón y Ana María Salvador; el padre y abuelos paternos vecinos y naturales de esta villa, y la madre y abuelos maternos vecinos y naturales de la villa de Casatejada; fue su padrino que le tubo el dicho Francisco Donoso, su abuelo, a quien advertí el parentesco espiritual y su obligación, y lo firmé. Rúbrica.- Juan Valverde de Paredes"[274].

---

[273] Archivo Parroquial de la Iglesia de Santiago Apóstol de Don Benito, Libro de bautismos 23, Folio 151.
[274] Archivo Parroquial de la Iglesia de Santiago Apóstol de Don Benito, Libro de bautismos 24, Folio 67v-68.

María Elena Nicolasa de Francisco Fernández Canedo y Juana Fernández Canedo.
"En la Iglesia Parroquial de Santiago de esta villa de Don Benito a veinte y dos días del mes de Agosto año de mil setecientos ochenta y cuatro, Don Juan Andújar de Paredes, cura teniente de ella, bauticé solemnemente a una niña que nació día diez y ocho del mismo mes, a la cual le he puesto por nombre María Elena Nicolasa, hija legítima de Francisco Fernández Canedo y Juana Martina Fernández Canedo; nieta de Don Félix Fernández Canedo y Doña Ana Pérez Rodríguez, abuelos paternos; y maternos Manuel Fernández Canedo y María Francisca Pérez Rodríguez; el padre y abuelo paterno y materno, naturales de Villanueva de la Serena, y la madre y abuelas naturales de esta villa; fue su padrino que la tuvo el dicho su abuelo materno a quien advertí el parentesco espiritual y su obligación. Y lo firmé. Rúbrica.- Juan Andújar de Paredes"[275].
Antonio Bernabé de Juan Donoso y Vicenta Recalde.
"En la Iglesia Parroquial de Santiago de esta villa de Don Benito, a trece días el mes de Junio de mil setecientos ochenta y cinco años, Don Juan Andújar de Paredes, Cura teniente de ella, bauticé solemnemente a un niño que nació día once de dicho mes al cual le fue puesto por nombre Antonio Bernabé, hijo legítimo de Juan Donoso Cortés y Vicenta Recalde Pavón, nieto de Francisco Donoso Cortés y Josefa de Paredes, abuelos paternos y maternos Jacinto Recalde Pavón y Ana María Salvador; el padre y abuelos paternos vecinos y naturales de esta villa; y la madre y abuelos maternos naturales de la villa de Casatejada, fue su padrino que le tubo el dicho Francisco Donoso, su abuelo

---

[275] Archivo Parroquial de la Iglesia de Santiago Apóstol de Don Benito, Libro de bautismos 24, Folio 252.

paterno, a quien advertí el parentesco espiritual y su obligación y lo firmé. Rúbrica.- Juan Andújar de Paredes"[276].

Manuel Ynocentes de Juan Donoso Cortés y Vicenta Recalde Pabón.

"En la Iglesia Parroquial de Santiago de esta villa de Don Benito, a primero día del mes de Enero de mil setecientos ochenta y ocho, Don Juan Balberde de Paredes, Cura teniente de ella, bauticé solemnemente a un niño que nació día veinte y ocho de diciembre del año próximo pasado de ochenta y siete, al que le fue puesto por nombre Manuel Ynocentes, hijo legítimo de Juan Donoso Cortés y Vicenta Racalde Pabón, nieto de Francisco Donoso Cortés y Josefa García de Paredes, abuelos paternos y maternos, Jacinto Recalde Pabón y Ana María Salvador; el padre y abuelos paternos vecinos y naturales de ésta villa, y la madre y abuelos maternos naturales de Casa Tejada. Fue su padrino que le tuvo el dicho Francisco Donoso Cortés, su abuelo paterno, a quien advertí el parentesco espiritual y su obligación. Y lo firmé. Rúbrica.- Don Juan Valverde de Paredes"[277].

Juan María de Juan Donoso y Vicenta Recalde.

"En la Iglesia Parroquial de Santiago de esta villa de Don Benito a doce días del mes de Septiembre de mil setecientos noventa y dos años, Don Juan Valverde de Paredes, Cura teniente de ella, bauticé solemnemente a un niño que nació día nueve de dicho mes al cual fue puesto por nombre Juan María, hijo legítimo de Juan Donoso Cortés y Vicenta

---

[276] Archivo Parroquial de la Iglesia de Santiago Apóstol de Don Benito, Libro de bautismos 25, Folio 11v.

[277] Archivo Parroquial de la Iglesia de Santiago Apóstol de Don Benito, Libro de bautismos 25, Folio 203v.

Recalde Pavón; nieto de Francisco Donoso Cortés y Josefa García de Paredes, abuelos paternos; y maternos Jacinto Recalde Pavón y Ana María Salvador, el padre y abuelos paternos vecinos y naturales de esta cilla, la madre y abuelos maternos naturales de Casatejada. Fue su padrino que le tuvo el dicho su abuelo paterno, a quien advertí el parentesco espiritual y lo firmé. Rúbrica.- Don Juan Valverde de Paredes"[278].

Vicenta Senapina de Juan Donoso Cortés y Vicenta Recalde Pabón.

"En la Iglesia Parroquial de Santiago de esta villa de Don Benito, a diez y siete día del mes de Noviembre de mil setecientos noventa y seis, Don Juan Antonio Ulloa y Rocha, Cura teniente de ella, bauticé solemnemente a una niña que nació día catorce de dicho mes, a la cual fue puesto por nombre Vicenta Senapia, hija legítima de Juan Donoso Cortés y Vicenta Recalde Pabón, nieta de Francisco Donoso Cortés y Josefa García Paredes, abuelos paternos y maternos, Jacinto Recalde Pabón y Ana María Salvador; el padre y abuelos paternos vecinos y naturales de esta villa, la madre natural de Talavera la Vieja, el abuelo materno del Castañar de Ibor y la abuela materna de Béjar. Fue su padrino que la tubo el Licenciado Don Gaspar Mathias Obeso, Cura Rector de esta Iglesia. Y lo firmé. Rúbrica.- Don Juan Antonio Ulloa y Rocha"[279].

---

[278] Archivo Parroquial de la Iglesia de Santiago Apóstol de Don Benito, Libro de bautismos 27, Folio 11v.
[279] Archivo Parroquial de la Iglesia de Santiago Apóstol de Don Benito, Libro de bautismos 28, Folio 78.

Juan Josef del Ldo. Don Pedro Donoso Cortés y Doña María Fernández-Canedo.

"En la Iglesia parroquial de Santiago de esta villa de Don Benito, a seis de Febrero de mil ochocientos y ocho años, yo el Licenciado Don Gaspar Mathias Obeso, Abogado de los Reales Consejos, cura rector de ella; bauticé solemnemente a un niño que nació día cuatro de dicho mes y año, al que fue puesto por nombre Juan Josef Leonisa Francisco Vicente, hijo legítimo del Licenciado Don Pedro Donoso Cortés y Doña María Fernández Canedo, naturales de esta villa; nieto de Juan Donoso Cortés y Vicenta Recalde Pabón, abuelos paternos; y maternos Francisco Fernández Canedo y Juana Fernández Canedo; el abuelo paterno y la abuela materna naturales de esta expresada villa, y la paterna natural de Talavera la Vieja, Arzobispado de Toledo, y el abuelo materno natural de Villanueva de la Serena; fue su padrino que le tuvo el referido Juan Donoso Cortés su abuelo, a quien advertí el parentesco espiritual y su obligación. Y lo firmé. Rúbrica.- Ldo. Don Gaspar Mathias Obeso"[280].

Juan del Ldo. Don Pedro Donoso y María Fernández Canedo.

"En la villa del Valle, a ocho días del mes de Mayo de este año de mil ochocientos nueve, yo, Don Gaspar Mathias Obeso, cura propio de la Iglesia Parroquial de la villa de Don Benito, Obispado de Plasencia, con licencia de Don Antonio de Flores, cura propio de esta Parroquia, bauticé y ungí óleo y chrisma santo a Juan Francisco Manuel María de la Salud, el que nació a hora de las cinco de la mañana del día seis de dichos mes y año, hijo legítimo de Don Pedro Donoso, Abogado de los Reales Consejos, y de Doña María Elena

---

[280] Archivo Parroquial de la Iglesia de Santiago Apóstol de Don Benito, Libro de bautismos 30, Folio 309v.

Fernández Canedo, naturales y vecinos de la referida villa de Don Benito; abuelos paternos, Don Juan Donoso Cortés, natural y vecino de la dicha villa de Don Benito y Doña Vicenta Recalde Pavón, natural de Talavera la Vieja, Arzobispado de Toledo; maternos, Don Francisco Fernández Canedo, natural de Villanueva de la Serena, Priorato de Zalamea, y Doña Martina Juana Fernández Canedo, natural y vecina de la expresada villa de Don Benito; fue su padrino el referido Don Juan Fernández Canedo, a quien advertí el parentesco espiritual y obligación de enseñar la Doctrina Cristiana, según disposición del Santo Concilio de Trento y Ritual Romano, y para que así conste lo firmo con el expresado cura de esta parroquia. Rúbricas.- Doctor Antonio de Flores; Licenciado Don Gaspar Mathias Obeso"[281].

Pedro María Vicente de Jesús del Ldo. Don Pedro Donoso Cortés y Doña María Fernández Canedo.

"En la Iglesia Parroquial de Santiago de esta villa de Don Benito a cinco de Febrero de mil ochocientos y once años, yo el Licenciado Don Gaspar Mathías Obeso, Presbítero, Abogado de los Reales Consejos, cura rector de ella, bauticé solemnemente a un niño que nació día treinta y uno de Enero próximo pasado, al que fue puesto por nombre Pedro María Vicente de Jesús, hijo legítimo del Licenciado Don Pedro Donoso Cortés y Doña María Fernández Canedo; nieto de Juan Donoso Cortés y Vicenta Recalde Pavón, abuelos paternos; y maternos Francisco Fernández Canedo y Juana Fernández Canedo, todos vecinos y naturales de esta villa; fu su padrino Don Juan Donoso Cortés, Teniente Capitán del Batallón de la Serena, su tío, a quien advertí el parentesco espiritual y su obligación, y lo firmé. El abuelo materno es

---

[281] Archivo Parroquial de la Iglesia de la Purísima Concepción del Valle de la Serena, Libro de bautismos 5, Folio 295v.

natural de Villanueva de la Serena, la abuela paterna natural de Casa Tejada. Rúbrica.- Ldo. Don Gaspar Matías Obeso"[282]

Teresa de Jesús de Don Josef Carrasco y Doña María Gómez.

"En la Iglesia Parroquial de San Juan Bautista, en la villa de Cáceres a diez y seis de Octubre de mil ochocientos y once, el infrascrito cura rector de dicha iglesia bauticé solemnemente a Teresa de Jesús María Josefa, que dijeron haber nacido el día quince de dicho mes, hija legítima de don Josef García-Carrasco, natural de la villa de Montenegro, Arzobispado de Burgos y vecino de Cáceres y Doña María Catalina Picis Gómez Merino, natural de la villa de Esparragosa de Lares, Priorato de Magacela. Abuelos paternos Don Blas García-Carrasco y Doña Josefa Romero, vecinos y naturales de dicha villa de Montenegro; Maternos el Licenciado Don Juan Gómez Benítez, natural de Villanueva de la Serena, Abogado de los Reales Consejos y del Colegio de la Real Audiencia de Extremadura en Cáceres y Doña Ana Merino del Pozo, natural de la de Esparragosa y vecinos de Cáceres. Fue padrino el referido Don Juan Gómez Benítez a quien advertí el parentesco espiritual y demás obligaciones que contracto. Y lo firmé. Rúbrica.- Bachiller Pedro María Michel"[283].

Manuel Anselmo del Ldo. Don Pedro Donoso y Doña María Fernández.

"En la Iglesia Parroquial de Santiago de esta villa de Don Benito, a veinte y seis de Abril de mil ochocientos y doce años, yo el Licenciado Don Gaspar Mathias Obeso, Abogado

[282] Archivo Parroquial de la Iglesia de Santiago Apóstol de Don Benito, Libro de bautismos 31, Folio 216.
[283] Archivo Parroquial de la Iglesia de San Juan Bautista de Cáceres.

de los Reales Consejos, cura rector de ella, bauticé solemnemente a un niño, que nació día veinte y uno de dicho mes, al que se puso por nombre Manuel Anselmo Cleto, hijo legítimo del Licenciado Don Pedro Donoso Cortés y Doña María Elena Fernández Canedo; nieto de Juan Donoso Cortés y Vicenta Recalde, natural de Casa Tejada, abuelos paternos; y maternos Francisco Fernández Canedo, natural de Villanueva de la Serena, y Juana Fernández Canedo, vecinos y naturales de esta villa; fue su padrino Manuel Donoso Cortés, su tio, a quien advertí el parentesco espiritual y su obligación. Y lo firmé. Rúbrica.- Ldo. Don Gaspar Mathías Obeso"[284].

Francisco Casimiro del Ldo. Don Pedro Donoso Cortés y Doña María Fernández Canedo.

"En la Iglesia Parroquial de Santiago de esta villa de Don Benito, a siete días del mes de Marzo de mil ochocientos y trece años, yo el Licenciado Don Gaspar Mathías Obeso, Presbítero, Abogado de los Reales Consejos, cura rector de ella, bauticé solemnemente a un niño que nació día cuatro de dicho mes, a el cual fue puesto por nombre Francisco Casimiro Tomás de Aquino, hijo legítimo del Licenciado Don Pedro Donoso Cortés, Abogado de los Reales Consejos, y Doña maría Elena Fernández Canedo; nieto de Juan Donoso Cortés y Vicenta Recalde Pabón, abuelos paternos; y maternos Francisco Fernández Canedo y Juana Martina Fernández Canedo; la abuela paterna natural de la villa de Casa Tejada, y el abuelo materno natural de Villanueva de la Serena, y los demás naturales y vecinos de esta dicha villa;

---

[284] Archivo Parroquial de la Iglesia de Santiago Apóstol de Don Benito, Libro de bautismos 32, Folio 114v.

fue su padrino que le tubo el dicho Francisco Fernández Canedo, su abuelo, quien se hizo cargo de su obligación. Y lo firmé. Rúbrica.- Ldo. Don Gaspar Matías Obeso"[285].

María Josefa Raimunda del Ldo. Don Pedro Donoso Cortés y Doña María Fernández Canedo.

"En la Iglesia Parroquial de Santiago de esta villa de Don Benito, a diez y nueve años de Marzo de mil ochocientos y catorce años, yo el Licenciado Don Gaspar Mathías Obeso, Abogado de los Tribunales nacionales, Cura Rector de ella; bauticé solemnemente a una niña, que nació día quince de dicho mes, a la que se puso por nombre María Josefa Raymunda, hija legítima del Licenciado Don Pedro Donoso Cortés, Abogado de los Tribunales nacionales, y de Doña María Fernández Canedo, nieta de Juan Donoso Cortés y Vicenta Recalde Pabón, abuelos paternos; y maternos Francisco Fernández Canedo y Juana Fernández Canedo, la abuela paterna natural de la villa de Casatejada y el abuelo maternos natural de Villanueva de la Serena, y los demás vecinos y naturales de esta villa. Fue su padrino que la tuvo el dicho Francisco Fernández Canedo, su abuelo, quien se hizo cargo del parentesco espiritual y su obligación. Y lo firmé. Rúbrica.- Ldo. Don Gaspar Matías Obeso"[286].

Antonio Vicente del Espíritu Santo del Ldo. Don Pedro Donoso y Doña María Fernández Canedo.

"En la Iglesia Parroquial de Santiago de esta villa de Don Benito, a cuatro de Junio de mil ochocientos y diez y seis años, yo el Licenciado Don Gaspar Mathías Obeso, presbítero, Abogado de los Reales Consejos, Cura Rector de

---

[285] Archivo Parroquial de la Iglesia de Santiago Apóstol de Don Benito, Libro de bautismos 32, Folio 188v.
[286] Archivo Parroquial de la Iglesia de Santiago Apóstol de Don Benito, Libro de bautismos 33, Folio 36.

ella; bauticé solemnemente a un niño, que nació día dos de dicho mes al que se puso por nombre Antonio Vicente del Espíritu Santo, hijo legítimo del Licenciado Don Pedro Donoso Cortés y Doña María Elena Fernández Canedo, nieto de Juan Donoso Cortés y Vicenta Recalde Pabón, abuelos paternos; y maternos Don Francisco Fernández Canedo y Doña Juana Fernández Canedo. El abuelo materno natural de Villanueva de la Serena, priorato de Magacela; la abuela paterna natural de Talavera la Vieja, Arzobispado de Toledo, y los demás naturales y vecinos de esta villa. Fue su madrina que le tuvo Vicenta Donoso Cortés, su tía, a quien advertí el parentesco espiritual y su obligación. Y lo firmé. Rúbrica.- Ldo. Don Gaspar Matías Obeso"[287].

Ramón Domingo de Don Pedro Donoso y Doña María Fernández Canedo.

"En la Iglesia Parroquial de Santiago de esta villa de Don Benito, a diez y seis de Mayo de mil ochocientos diez y siete años, yo el Reverendo Padre Fray José María Ramos, Presbítero de la Orden de Predicadores, Calificador del Consejo de la Suprema, cura económo rector de ella; bauticé solemnemente a un niño que nació día doce de dicho mes, al que se puso por nombre Ramón Domingo Juan Nepomuceno, hijo legítimo del Licenciado Don Pedro Donoso Cortés, Abogado de los Reales Consejos, y Doña María Fernández Canedo; nieto de Juan Donoso Cortés y Doña Vicenta Recalde Pabón, ésta natural de la villa de Casa Tejada, abuelos paternos; y maternos Francisco Fernández Canedo, natural de Villanueva de la Serena, y Juana Fernández Canedo, los demás naturales y vecinos de esta villa; fue su padrino Manuel Donoso Cortés, su tío carnal, a

---

[287] Archivo Parroquial de la Iglesia de Santiago Apóstol de Don Benito, Libro de bautismos 33, Folio 303.

quién advertí el parentesco espiritual y su obligación. Y lo firmé. Rúbrica.- Fray José María Ramos"[288].

Elena Josefa Agustina de Don Pedro Donoso Cortés y Doña María Elena Fernández Canedo.

"En la Iglesia Parroquial de Santiago de esta villa de Don Benito, a veinte y ocho días del mes de Agosto de mil ochocientos y veinte años, yo Don Matías Sánchez de Torre y Montes, Cura Rector de ella; bauticé solemnemente a una niña que nació el veinte y siete de citado mes, a la cual se la puso por nombre Elena Josefa Agustina, hija legítima de Don Pedro Donoso Cortés y Doña María Elena Fernández Canedo, abuelos paternos Don Juan Donoso Cortés y Doña Vicenta Recalde Pabón; y maternos Don Francisco Fernández Canedo y Doña Juan Fernández Canedo, la abuela paterna natural de Talavera la Vieja, Arzobispado de Toledo, el abuelo materno de Villanueva de la Serena y los demás naturales y vecinos de esta villa. Fue su padrino que la tuvo Don Pedro de Torre y Sunza, su tío, que se hizo cargo de la obligación. Y lo firmé. Rúbrica.- Matías Sánchez de Torre y Montes"[289].

María Manuela Tomasa de Don Pedro Donoso Cortés y Doña María Elena Fernández Canedo.

"En la Iglesia Parroquial de Santiago de esta villa de Don Benito, a veinte y seis días del mes de Diciembre de mil

---

[288] Archivo Parroquial de la Iglesia de Santiago Apóstol de Don Benito, Libro de bautismos 34, Folio 57v.

[289] Archivo Parroquial de la Iglesia de Santiago Apóstol de Don Benito, Libro de bautismos 35, Folio 150.

ochocientos y veinte y un años, yo el infrascrito teniente de cura de ella; bauticé solemnemente a una niña que nació el veinte y uno de dicho mes, a la cual se la puso por nombre María Manuela Tomasa, hija legítima de Don Pedro Donoso Cortés y Doña María Elena Fernández Canedo; abuelos paternos, Juan Donoso Cortés y Doña Vicenta Recalde, natural de Talavera la Vieja, Arzobispado de Toledo; y maternos Don Francisco Fernández Canedo y Doña Juana Martina Fernández Canedo; el abuelo materno natural de Villanueva de la Serena, y los demás naturales y vecinos de esta; fue su padrino que la tubo su tío Don Manuel Donoso Cortés, que se hizo cargo de su obligación.- Rúbrica de Fernando Carrasco. Y lo firmé. Rúbrica.- Fernando Carrasco"[290].

Eusebio Víctor de Don Pedro Donoso Cortés y Doña María Fernández Canedo.

"En la Iglesia Parroquial de Santiago de esta villa de Don Benito, a seis días del mes de Marzo de mil ochocientos y veinte y tres años, yo el infrascrito teniente de cura de ella; bauticé solemnemente a un niño que nació el día cinco del corriente mes, al que puse por nombre Eusebio Víctor, hijo legítimo del Licenciado Don Pedro Donoso Cortés y Doña María Elena Fernández Canedo; abuelos paternos Juan Donoso Cortés y Doña Vicenta Recalde Pabón; y maternos Don Francisco Fernández Canedo y Doña Juana Fernández Canedo; la abuela paterna natural de Talavera la Vieja, Arzobispado de Toledo; el abuelo materno natural de Villanueva de la Serena, Priorato de Magacela, y los demás naturales y vecinos de esta villa; fue su padrino que le tubo Don Pedro de Torres Ysunza, su tío, a quién advertí el

---

[290] Archivo Parroquial de la Iglesia de Santiago Apóstol de Don Benito, Libro de bautismos 36, Folio 34.

parentesco espiritual y su obligación.- Rúbrica de Fernando Carrasco. Y lo firmé. Rúbrica.- Fernando Carrasco"[291].

Elena Generosa María del Carmen de Manuel Donoso Cortés y Canedo e Isabel Gómez Valadés Parejo.

"En la Iglesia Parroquial de Santiago de esta villa de Don Benito, a diez y ocho días del mes de Julio de mil ochocientos veinte y ocho años. Yo el infrascrito Teniente de Cura de ella, puse los Santos óleos y crisma, y suplí las demás ceremonias que previene el ritual Romano a una niña que nació el diez y siete del corriente, a quien en caso de necesidad había echado agua de socorro el dicho Teniente, a la cual fue puesta por nombre Elena Generosa María del Carmen, hija legítima de Manuel Donoso Cortés y Canedo e Isabel Gómez Valades Parejo, abuelos paternos el Licenciado Don Pedro Donoso Cortés y Doña María Elena Fernández Canedo; y maternos Gerónimo Gómez Valadés y María Parejo García de Paredes, todos naturales y vecinos de esta villa. Fue su padrino el dicho su abuelo paterno a quien advertí el parentesco espiritual y su obligación. Y lo firmé. Rúbrica.- Fernando Martín Rodríguez"[292].

María Josefa Rafaela Petra hija de Don Juan Donoso y de Doña Teresa García-Carrasco Gómez.

"En la Iglesia Parroquial de San Juan Bautista de la villa de Cáceres, en veinte y siete de Octubre de mil ochocientos treinta, yo el infrascrito cura rector de ella, bauticé solemnemente a María Josefa Rafaela Petra, que dijeron había nacido el día veinte y cuatro de dicho mes y año, hija legítima de Don Juan Donoso Cortés Canedo, natural del

---

[291] Archivo Parroquial de la Iglesia de Santiago Apóstol de Don Benito, Libro de bautismos 36, Folio 251v.

[292] Archivo Parroquial de la Iglesia de Santiago Apóstol de Don Benito, Libro de bautismos 39, Folio 53v.

Valle de la Serena, y de Doña Teresa García-Carrasco Gómez, natural de esta villa; abuelos paternos el Licenciado Don Pedro Donoso Cortés y Doña María Elena Fernández Canedo, naturales y vecinos de Don Benito; y maternos Don Josef García-Carrasco, difunto, natural de Montenegro de Cameros, y Doña María Gómez Benítez Merino, natural de Esparragosa de Lares, vecinos ambos de esta de Cáceres; fue su padrino su abuelo paterno, a quien advertí el parentesco espiritual y demás obligaciones que contrajo. Y lo firmé. Rúbrica.- Don Blas Gómez Durán"[293].

Enrique José Gualberto Guillermo de Don Ramón Donoso Cortés y Doña María Asunción Solo de Zaldívar.

"En la Iglesia Parroquial de Santiago de esta villa de Don Benito, provincia de Badajoz, obispado de Plasencia, a catorce de Julio de mil ochocientos cuarenta, yo Don Pascual Calderón de la Barca, vicario ecónomo de ella, bauticé solemnemente a un niño que nació el doce del corriente, a las once de la noche, al que puse por nombre Enrique José Gualberto Guillermo, hijo legítimo de Don Ramón Donoso Cortés y Canedo y de Doña María de la Asunción Solo de Zaldívar; abuelos paternos Don Pedro Donoso Cortés y Recalde y Doña María Elena Fernández Canedo, y maternos el Capitán Don José Solo de Zaldívar y Doña Manuela de Morales, todos naturales y vecinos de esta villa de Don Benito. Fue su padrino Don Pedro Donoso Cortés y Recalde, su abuelo paterno, a quien advertí el parentesco espiritual y su obligación, siendo testigos Manuel Gómez Porro y Ángel Sánchez Barroso, sacristanes de la parroquia de esta villa, y lo firmé. Rúbrica.- Pascual Calderón de la Barca"[294].

---

[293] Archivo Parroquial de la Iglesia de San Juan Bautista de Cáceres.
[294] Archivo Parroquial de la Iglesia de Santiago Apóstol de Don Benito, Libro de bautismos 44, Folio 247.

4.2. Partidas de matrimonio.
Sebastián Cortés con Catalina Hernández.

"En el lugar de Don Benito a veinte y dos días del mes de Marzo de mil seiscientos y quince años, yo el Licenciado Juan Campos, Cura propio de la parroquial del Señor Santiago de este dicho lugar, desposé por palabras de presente que hacen verdadero matrimonio y habiendo precedido tres amonestaciones canónicas en tres días de fiestas continuas *inter missarum solemnía* a Sebastián Cortés, hijo de Martín Cortés y de María Donosa, su mujer, con Catalina Hernández, hija legítima de Fernando Valadés y de Inés García, su mujer. Testigos el Licenciado Bartolomé Cortés, Diego Carrasco, Francisco Rodríguez, todos vecinos de este dicho lugar de Don Benito, así los contrayentes como los testigos y en fe de verdad lo firmo de mi nombre fecha ut supra. Rúbrica.- Licenciado Juan Campos"[295].

Domingo Gómez con María Cortés.

"En Don Benito en veinte de Enero de mil seiscientos veinte y nueve años, yo Francisco Sauceda, Cura teniente de la

---

[295] Archivo Parroquial de la Iglesia de Santiago Apóstol de Don Benito, Libro de casados 1, Folio 77.

Iglesia de este lugar, desposé y velé por palabras de presente, hicieron legítimo matrimonio habiendo precedido tres amonestaciones en tres días de fiesta continuas *inter missarum solemnía* como lo dispone el Santo Concilio de Trento no habiendo resultado impedimento alguno, a Domingo Gómez, hijo de Juan Gómez y de Isabel Fernández, su mujer; con María Cortés, hija de Juan Cortés y de María Cortés, su mujer, todos vecinos de este lugar. Testigos Juan Gómez, Francisco Valadés y Gaspar Gómez, en fe de ello lo firmé ut supra y velé. Rúbrica.- Francisco Sauceda"[296].

Juan Donoso Cortés con Ana Rodríguez Cortés.
"En el lugar de Don Benito en veinte y siete días del mes de Marzo de mil seiscientos ochenta y cuatro años, yo Don Diego Coronado, Cura teniente de la villa de Campanario y Comisario del Santo Oficio de la Inquisición de Llerena, con licencia de el Señor Cura de este dicho lugar, habiendo precedido las tres amonestaciones continuas como lo manda el Santo Concilio de Trento y no habiendo resultado impedimento alguno, desposé por palabras de presente que hicieron verdadero matrimonio a Juan Donoso Cortés, hijo de Juan Donoso Cortés y de Isabel de Paredes Palomo, vecinos de la villa de Campanario, con Ana Rodríguez Cortés, hija de Francisco Rodríguez Cabezas y de María Cabezas Cortés, su mujer, difuntos. Testigos los Licenciados Don Miguel Arias López, Juan Pedro Paredes, vecinos de este lugar. Y lo firmé. Rúbrica.- Licenciado Don Diego Coronado"[297].

---

[296] Archivo Parroquial de la Iglesia de Santiago Apóstol de Don Benito, Libro de casados 1, Folio 173.

Bartolomé Donoso Cortés con Agustina Rodríguez Pérez.
"En el lugar de Don Benito en veinte y siete días del mes de Marzo de mil seiscientos ochenta y cuatro años, yo Don Diego Coronado, Cura teniente de la villa de Campanario y Comisario del Santo Oficio de la Inquisición de Llerena, con licencia de el Señor Cura de este dicho lugar, habiendo precedido las tres amonestaciones continuas como lo manda el Santo Concilio de Trento y no habiendo resultado impedimento alguno, desposé por palabras de presente que hicieron verdadero matrimonio a Bartolomé Donoso Cortés, hijo de Juan Donoso Cortés y de Isabel de Paredes Palomo, su mujer, vecinos de la villa de Campanario, con agustina Rodríguez Pérez, hija de Sebastián y de Leonor Rodríguez Pérez, su mujer, difuntos. Testigos Don Juan Cabezas, Don Pedro Palomo López, todos vecinos de este lugar. Y lo firmé. Rúbrica.- Licenciado Don Diego Coronado"[298].
Juan Donoso Cortés con María Rodríguez Sánchez.
"En el lugar de Don Benito en veintiún días del mes de Abril de mil setecientos y seis años, yo Don Fernando Joseph Zurbano, Cura propio de dicho lugar. Habiendo precedido las tres amonestaciones que manda el Santo Concilio de Trento y no habiendo resultado impedimento alguno, desposé y velé por palabra de presente que hicieron verdadero matrimonio, a Juan Donoso Cortés, hijo legítimo de Juan Donoso Cortés y de Isabel de Paredes Palomo, su mujer, vecinos de las villa de Campanario y viudo de María de Peñafiel con María Rodríguez, hija legítima de Rodrigo Sánchez Núñez y Ana Rodríguez Pérez, su mujer, de quienes

---

[297] Archivo Parroquial de la Iglesia de Santiago Apóstol de Don Benito, Libro de casados 3, Folio 31v.
[298] Archivo Parroquial de la Iglesia de Santiago Apóstol de Don Benito, Libro de casados 3, Folio 31v.

siendo testigos Don Pedro de la Rocha y Pedro Díez Quintana, todos vecinos de este lugar. Y lo firmé. Rúbrica.- Ldo. Fernando Joseph Zurbano"[299].

Juan Donoso Cortés con María Carrasco Peñafiel.

"En el lugar de Don Benito a veinte y dos días del mes de Agosto de mil setecientos y diez y siete años, el Licenciado Don Francisco Calderón y Robles, presente abogado de los Reales Consejos, Consultor del Santo Oficio de la Inquisición de Llerena; en presencia y con permiso del Señor Licenciado Don Fernando Joseph Zurbano, abogado de los Reales Consejos, Cura propio de la Iglesia Parroquial del Señor Santiago de este dicho lugar. Desposé por palabras de presentes que hicieron verdadero matrimonio; a Don Juan Donoso Cortés, natural de la Villa de Campanario, vecino de este lugar y Alcalde Ordinario de el estado de hijosdalgo de él, hijo legítimo de Don Juan Donoso Cortés, difunto, vecino y natural de dicha villa de Campanario y de Doña Isabel Palomo de Paredes, difunta, su legítima mujer, natural de este lugar; con Doña María Carrasco Peñafiel, hija legítima de Don Francisco Carrasco Peñafiel, difunto, y Doña María Carrasco Cortés, su mujer, todos vecinos y naturales de él; habiendo precedido una amonestación en un día festivo, *inter missarum solemnía* y no resultado impedimento y dispensadas las dos por el Provisor y Vicario General de este obispado y dado su licencia para celebrar los desposorio en casa de la contrayente. Fueron testigos el Licenciado Don Francisco Carrasco Cortés, previsor Comisario del Santo Oficio, Don Joseph Antonio Calderón Villalobos y Guebara y Don Pedro Francisco Calderón Villalobos y Robles, vecinos y naturales de este dicho lugar, y lo firme y dicho

---

[299] Archivo Parroquial de la Iglesia de Santiago Apóstol de Don Benito, Libro de casados 3, Folio 301.

Señor Cura. Rúbricas.- Francisco Calderón y Robles; Licenciado Zurbano"[300].

Juan Donoso con Josepha López.

"En el lugar de Don Benito a tres días del mes de Agosto de mil setecientos y veinte y seis, Don Fernando López Guerrero, Cura teniente de este lugar, habiendo precedido las tres amonestaciones que el Santo Concilio de Trento manda que se publicaron *inter missarum solemnía* y no habiendo resultado impedimento alguno, desposé por palabras de presente que hicieron en poder matrimonio y velé según dispone nuestra Santa Madre Iglesia a Juan Donoso, hijo legítimo de Juan Donoso y de María Rodríguez, su mujer, ya difutna; con Josepha López, hija legítima de Francisco López y de Francisca Donoso, ya difunta; fueron testigos Juan Savido y Juan Sánchez, todos vecinos de esta. Y lo firmé. Rúbrica.- Fernando López Guerrero"[301].

Francisco Donoso con Josepha de Paredes.

"En la villa de Don Benito a veinte y siete días del mes de Noviembre de mil setecientos y cuarenta y siete años, Don Diego González Correas, Cura rector de la Iglesia Parroquial de Santa María de los Remedios del lugar de Val de San Gil, de la Vicaría de Béjar, de este obispado y natural de esta dicha villa, con licencia del Señor Don Miguel Gómez Cabezas, Calificador del Santo Oficio de la Inquisición de Llerena y Cura rector de ella, habiendo precedido las tres amonestaciones que el Santo Concilio dispone, que se publicaron *inter missarum solemnía,* a tiempo del ofertorio de las misas mayores, que la primera fue el día quince, la

---

[300] Archivo Parroquial de la Iglesia de Santiago Apóstol de Don Benito, Libro de casados 4, Folio 105v.
[301] Archivo Parroquial de la Iglesia de Santiago Apóstol de Don Benito, Libro de casados 4, Folio 240-240v.

segunda día veinte y dos, y la tercera día veinte y nueve de Octubre próximo pasado de este año de la fecha; y no habiendo resultado impedimento alguno y haber dado su consentimiento, desposé por palabras de presente que hicieron verdadero matrimonio y velé como manda nuestra Santa Madre Iglesia a Francisco Donoso Cortés, hijo legítimo de Juan Donoso Cortés y de Josepha Gómez, su legítima mujer; con Josepha de Paredes, hija legítima de Francisco García de Paredes y de María de Paredes, su legítima mujer; fueron testigos Don Joseph Camarón y Francisco González Murillo, todos vecinos de ella. Y la firmé. Rúbricas.- Diego González Correas; D. Miguel Gómez Cabezas"[302].

Agustín Donoso Cortés con Inés de Paredes.

"En la villa de Don Benito, a veinte y cinco días del mes de Febrero de mil setecientos y cincuenta y seis años, Dr. Don Miguel Gómez Cabezas, Calificador del Santo Oficio, Cura Rector de la Iglesia parroquial del Señor Santiago de esta villa, habiendo precedido las tres amonestaciones que el Santo Concilio dispone que se publicaron *inter missarum solemnía* al tipo del ofertorio de las misas mayores, que la primera el día primero, la segunda el día dos y la tercera día ocho de este presente mes y año, y no habiendo resultado impedimento alguno y haber dado su mutuo consentimiento, desposé por palabras de presente que hicieron verdadero matrimonio como lo manda Nuestra Santa Madre Iglesia a Agustín Donoso Cortés, hijo legítimo de Juan Donoso Cortés y Josepha Gómez, su legítima mujer, con Inés de Paredes, hija legítima de Francisco García de Paredes, difunto, y de María de Paredes, su legítima mujer. Fueron testigos

---

[302] Archivo Parroquial de la Iglesia de Santiago Apóstol de Don Benito, Libro de casados 6, Folio 84.

Francisco González Morcillo y Joseph Barroso, todos vecinos y naturales de esta expresada villa, y lo firmé. Rúbrica.- Dr. Don Miguel Gómez Cabezas"[303].

Ldo. Don Pedro Donoso Cortés con Doña María Fernández Canedo.

"En la Iglesia Parroquial de Santiago de esta villa de Don Benito, a nueve días del mes de Febrero de mil ochocientos y siete años, Yo el Licenciado Don Gaspar Matías Obeso, Presbítero, Abogado de los Reales Consejos, Cura Rector de ella; habiendo precedido las tres amonestaciones que manda el Santo Concilio de Trento en tes días festivos a el tiempo del ofertorio de las misas populares que fueron día treinta y uno de Diciembre próximo pasado; primero, y cuatro de Enero del corriente año, y no habiendo resultado impedimento alguno expresada la voluntad de los contrayentes, y estar aprobados en doctrina cristiana precedidos el consentimiento en sus padres, casé por palabras de presente que hacen verdadero matrimonio, y vele según orden de nuestra Santa Madre Iglesia al licenciado Don Pedro Donoso Cortés, Abogado de los Reales Cosnejos, hijo legítimo de Juan Donoso Cortés y de Vicenta Recalde Pabón; con Doña María Fernández Canedo, hija legítima de Francisco Fernández Canedo y de Juana Fernández Canedo, todos vecinos y naturales de esta villa, excepto la madre del contrayente que lo es de la villa de Casatejada, y el padre de la contrayente que lo es de la villa de Villa Nueva de la Serena. Fueron testigos Agustín Roldán y Juan González Molina, vecinos de esta villa. Y lo firmé. Rúbrica.- Ldo. Don Gaspar Matías Obeso"[304].

---

[303] Archivo Parroquial de la Iglesia de Santiago Apóstol de Don Benito, Libro de casados 7, Folio 71.

[304] Archivo Parroquial de la Iglesia de Santiago Apóstol de Don Benito, Libro de

Francisco Donoso Cortés con Manuela González.
"En la Iglesia Parroquial de esta villa de Don Benito, a doce días del mes de Junio de mil setecientos setenta y cinco años, Don Juan Sánchez López, Cura teniente de ella, habiendo precedido las tres amonestaciones que manda el Santo Concilio en tres días festivos que fueron día dos, nueve y diez y seis de abril de dicho año, del tiempo del ofertorio de la Misa Mayor y no habiendo resultado impedimento alguno y estar los contrayentes examinados en doctrina cristiana, casé por palabras de presente que hacen verdadero matrimonio y velé según manda Nuestra Santa Madre Iglesia a Francisco Donoso Cortés, hijo legítimo de Francisco Donoso Cortés y de Josepha de Paredes, con Manuela González, hija legítima de Esteban González y de Juana Cortés, todos vecinos y naturales de esta villa. Fueron testigos Don Alonso Parras y Don Juan Donoso, vecinos de ella, y lo firme. Rúbrica.- Juan Sánchez López"[305].

Agustín Roldán con María Donoso de Paredes.
"En la Iglesia Parroquial del Señor Santiago de esta villa de Don Benito, a veinte y un días del mes de Agosto de mil setecientos setenta y nueve años, Don Josef Andújar de Paredes, Presbítero con licencia del Señor Cura Rector Don Francisco Fernández del Risco, habiendo precedido tres amonestaciones que manda el Santo Concilio en tres días festivos de guarda, que fueron día diez y ocho, veinte y cinco de julio y primero de agosto de dicho año, y no habiendo resultado impedimento alguno y estar los contrayentes examinados en doctrina cristiana, casé por palabras de presente que hacen verdadero matrimonio y vele según orden

casados 11, Folio 68v.
[305] Archivo Parroquial de la Iglesia de Santiago Apóstol de Don Benito, Libro de casados 8, Folio 224.

139

de Nuestra Santa Madre Iglesia a Agustín Roldán, hijo legítimo de Don Francisco Roldán Miralles y Tomasa Gómez de Paredes, con María Donoso de Paredes, hija legítima de Francisco Donoso y Josefa de Paredes, todos vecinos y naturales de esta villa. Fueron testigos Francisco Morales y Sebastián Fernández, vecinos de ella, y lo firme con dicho Párroco. Rúbricas.- Francisco Fernández del Risco; Josef Andújar de Paredes"[306].

Juan Santos García con Antonia Donoso Cortés.

"En la Iglesia Parroquial de Santiago de esta villa de Don Benito, a nueve días del mes de Octubre de mil setecientos noventa y un años. Yo el Licenciado Don Gaspar Mathías Obeso, Abogado de los Reales Consejos, Cura Rector de ella, habiendo precedido las tres amonestaciones que manda el Santo Concilio en tres días festivos del tiempo de ofertorio de las Misas Populares que ofrecieron días ocho, once y diez y ocho de septiembre de este presente año, y no habiendo resultado impedimento alguno y explorada la voluntad de los contrayentes y estar aprobados en doctrina cristiana y precedido el consentimiento de su hermano del contrayente y padre de la contrayente, casé por palabras de presente que hacen verdadero matrimonio y velé según orden de Nuestra Santa Madre Iglesia a Juan Santos García Molina, viudo de María Eugenia Ximénez, con Antonia Donoso, hija legítima de Francisco Donoso Cortés y Josefa García de Paredes, todos vecinos y naturales de esta villa, y los contrayentes están dispensados por su Santidad en segundo con tercero grado de consanguinidad por una parte, y cuarto grado de consanguinidad por otra, como consta de la licencia del Señor Provisor y Vicario General de este obispado, dada en

---

[306] Archivo Parroquial de la Iglesia de Santiago Apóstol de Don Benito, Libro de casados 9, Folio 44.

la Ciudad de Plasencia a cinco de este presente mes por ante Josef Serrano Álvarez, notario de la Audiencia Eclesiástica de dicha Ciudad, siendo testigos Nicasio Valverde y Joaquín Gómez, vecinos de ella, y lo firmé. Rúbrica.- Licenciado Don Gaspar Mathías Obeso"[307].

Don Pedro Leoncio Torres con Doña Vicenta Donoso Cortés.

"En la villa de Don Benito a once días del mes de Febrero de mil ochocientos y diez y nueve año; yo Don Fernando Carrasco, Presbítero clérigo seglar de Don Cayetano, Teniente cura de ella, precedida una amonestación en un día festivo al ofertorio de la misa popular que fue día dos del dicho mes y año, por haber dispensado los dos el Señor Provisor y Vicario General de este obispado de Plasencia, y licencia para celebrar los desposorios en la casa de la morada de la contrayenta, refrendada del Josef Amador su fecha en Plasencia a veinte y seis de enero de este presente año, estando los contrayentes aprobados en doctrina cristiana y precedidos los debidos consentimientos, casé por palabras de presente cual hacen verdadero matrimonio a Don Pedro Leoncio Torres, hijo legítimo de Don Patricio Torres de Zaldívar y Doña Inés Sánchez Pajares, ya difunta, con Doña Vicenta Donoso Cortés, hija legítima de Don Juan Donoso Cortés, ya difunto, y de Doña Vicenta Recalde y Pavón; el padre del contrayente natural de Villoslada de Cameros, obispado de Calaorra, y los demás vecinos de esta, excepto la madre de la contrayenta que lo es de Casatejada, obispado de Plasencia. Testigos Don Manuel Donoso Cortés, Don Juan Donoso Cortés y Don Francisco Morales, de esta vecindad y lo firmé. Rúbrica.- Fernando Carrasco"[308].

---

[307] Archivo Parroquial de la Iglesia de Santiago Apóstol de Don Benito, Libro de casados 10, Folio 32.

Manuel Donoso Cortés con Isabel Gómez.

"En la Iglesia Parroquial de Santiago de esta Villa de Don Benito a veinte y cinco días del mes de Septiembre de mil ochocientos veinte y siete años. Yo el Señor Cura Rector de ella Don Matías Sánchez de Torre y Monte, habiendo precedido las tres amonestaciones que manda el Santo Concilio de Trento en tres días festivos al ofertorio de las misas mayores que fueron en los días ocho, nueve y diez y seis de septiembre último y no habiendo resultado impedimento alguno aprobados en doctrina cristiana y previos los consentimientos necesarios. Desposé y velé según Orden de nuestra Santa Madre Iglesia a Manuel Donoso Cortés, hijo legítimo de Don Pedro Donoso Cortés y Doña María Elena Fernández Canedo con Isabel Gómez Parejo, hija legítima de Jerónimo Gómez Valadés y María Parejo, ya difunta, todos vecinos y naturales de esta cilla; y el pretendiente presentó licencia del Señor Provisor y Vicario General interino de esta Diócesis por haber sido dispensados en cuarto grado de consanguinidad despachada en Plasencia y refrendada por su Notario Mayor Francisco Ramón Sánchez Chaparro en veinte y uno del presente mes y año, siendo testigos Antonio González y Juan Bautista Álvarez, de esta vecindad y lo firmé. Rúbrica.- Matías Sánchez de Torre y Monte"[309].

Don Manuel Donoso Cortés con Doña Francisca Dolores Parejo.

"En la villa de Don Benito a tres días del mes de Diciembre de mil ochocientos veinte y siete años; Yo Don Juan Donoso

---

[308] Archivo Parroquial de la Iglesia de Santiago Apóstol de Don Benito, Libro de casados 12, Folio 229.
[309] Archivo Parroquial de la Iglesia de Santiago Apóstol de Don Benito, Libro de casados 14, Folio 42.

Cortés, presbítero con licencia del Señor Don Matías Sánchez de Torre y Monte, Cura Rector de la única Iglesia Parroquial de ella, precedido el indispensable examen de doctrina cristiana y previos los consentimientos necesarios, desposé según orden de Nuestra Santa Madre Iglesia, en las casas de sus morada y sin haberse tenido amonestación alguna por estar dispensados de todo ello por el Señor Doctor Don Francisco Hernández Bueno, Presbítero Arcediano titular dignidad y Canónigo prebendado de la Santa Iglesia Catedral de la Ciudad de Plasencia, Gobernador Provisor y Vicario General interino de este obispado, librado en dicha Ciudad a veinte y tres de noviembre del presente año y refrendado por su Notario Mayor Francisco Serrano Álvarez Rodríguez, cuyo despacho se conecta en el Archivo de esta referida Parroquia; a Don Manuel Donoso Cortés, hijo legítimo de Don Juan Donoso Cortés y Doña Vicenta Recalde, natural de Talavera la Vieja, con Doña Francisca Dolores Parejo, hija legítima de Ramón Parejo e Ignacia González Valverde, ya difunta, y viuda de Isidro Sánchez Aumada. Rúbrica"[310].

Don Juan Donoso Fernández con Teresa García-Carrasco.

"En la villa de Cáceres en veinte días del mes de Enero del año de mil ochocientos treinta años precedidos los consentimientos prevenidos por Reales Órdenes, el examen y aprobación en la Doctrina Christiana, y en virtud de un despacho del Ilustrísimo Señor D. Joaquín López y Sicilia, Obispo dado por su Secretario de Cámara en once de dicho mes y año, por el que dispensaban las proclamas conciliares, casé yo, D. Blas Gómez Durán, cura rector de la Parroquia

---

[310] Archivo Parroquial de la Iglesia de Santiago Apóstol de Don Benito, Libro de casados 14, Folio 48.

de San Juan Bautista de esta villa, y en la casa habitación de la contrayente, a D. Juan Donoso Fernández de estado soltero, natural del Valle de la Serena, hijo legítimo del Licenciado D. Pedro Donoso y de Dª. María Elena Fernández, naturales de Don Benito; con Dª. Teresa García-Carrasco, del mismo estado, hija legítima de D. José García-Carrasco, difunto, natural de Montenegro de Cameros, Arzobispado de Burgos, y de Dª. María Gómez Merino, natural de Esparragosa de Lares, Priorato de Magacela; confesaron y comulgaron, y fueron testigos D. Ángel Navarro, D. Juan María Herrera y D. Tomás Muñoz de San Pedro, todos vecinos de esta villa. Y lo firmé. Rúbrica.- Don Blas Gómez Durán"[311].

Don Pedro Donoso con Doña Benita Barcenilla.

"En veinte y cinco días del mes de Enero y año de mil ochocientos treinta y dos, el infrascrito Cura Párroco de esta de San Martín de esta Ciudad de Salamanca, previas las tres canónicas moniciones y demás requisitos necesarios con arreglo a Reales órdenes, y de ellos no habiendo resultado impedimento alguno y en virtud de despacho expedido por el Señor Provisor Vicario general de esta Ciudad y obispad, en veinte y cuatro días del presente, por ante don Gerónimo Cid, Notario de esta Ciudad, desposé por palabras de presente que hicieron verdadero sacramento de matrimonio, velé y di las bendiciones nupciales in facie eclesiae a Don Pedro Donoso, soltero, natural de la Villa de Don Benito, obispado de Plasencia y residente en esta Ciudad, hijo legítimo de Don Pedro Donoso Cortés y de Doña María Elena Fernández Canedo, vecinos de dicha villa; con Doña Benita Barcenilla, del mismo estado, natural y residente en esta feligresía, hija legítima de Don José Barcenilla y de

---

[311] Archivo Parroquial de la Iglesia de San Juan Bautista de Cáceres.

Doña Inocencia Sendín, vecinos de ella. Fueron testigos de este matrimonio Don Luis Velenzeter, Don Martín Sánchez Tomé, Don José Muñoz Pozo, todos de esta vecindad, y otros, e yo el Cura Párroco que por verdad lo firmo día, mes y año arriba dichos. Rúbrica.- Don Juan Marín"[312].

Don Ramón Donoso Cortés con Doña María Solo de Zaldívar.

"En la Iglesia Parroquial de Santiago de esta villa de Don Benito, a primero de Junio de mil ochocientos treinta y cinco años; Yo Don Domingo González Rebollo, Vicario Ecónomo de ella, precedidas las tres amonestaciones que manda el Santo Concilio de Trento en tres días festivos al tiempo del ofertorio a las misas mayores, que fueron en los días veinte y cuatro, veinte y ocho y treinta de mayo ante próximo, y no habiendo resultado impedimento alguno, aprobados en doctrina Cristiana, y previos los consentimientos necesarios y por parte de la contrayente por el Excelentísimo Señor Don Juan González Anteo, Comandante General segundo Cavo de esta provincia, por ausencia y encargo del Excelentísimo Señor Don José Canatala, Capitán General y presidente de la Real Audiencia de la misma, certificado por el Excelentísimo principal de Guerra de la Capitanía General de la misma, Don Martín Gavino Rodríguez, dada en Badajoz a catorce de mayo de dicho año (cuya certificación queda archivada en la misma parroquial). Desposé y velé según orden de nuestra Santa Madre Iglesia, y por palabras de presente a Don Ramón Donoso Cortés, hijo legítimo del Licenciado Don Pedro Donoso Cortés y Doña María Elena Fernández Canedo, con Doña María Solo de Zaldívar, hija legítima de Don José Solo

---

[312] Archivo Parroquial de la Iglesia de San Martín de Salamanca, Libro de matrimonios que da comienzo en el año 1832, Folio 71 vto.

145

de Zaldívar y Doña Manuela de Morales, naturales y vecinos de esta villa, siendo testigos Don José Gallardo y Don Francisco Camilo Sánchez Miranda, de esta vecindad, y lo firmé. Rúbrica.- Domingo González Rebollo"[313].

Eusebio Víctor Donoso y Fernández con Antonia Carbonell y Carbonell.

"Nota marginal.- El veintiuno de Julio de mil ochocientos cuarenta recibieron las bendiciones nupciales según previene Nuestra Santa Madre Iglesia.

En la Ciudad de Badajoz, capital de la Provincia de la misma; Yo el Señor Don Gabriel Rafael Blázquez Prieto, Presbítero, Abogado de los Tribunales Nacionales, Canónigo de la Santa Iglesia Catedral de esta Ciudad de Badajoz, comisario Juez Apostólico y Real, subdelegado del Tribunal de la Santa Cruzada de ella Juez, subcolector en la misma de expolios y vacantes de la Mitra y orlar medias Anatas Secas de la Diócesis, subdelegado castrense de esta Ciudad y su departamento, con beneplácito de Don Claudio José Barreros, Presbítero Cura Vicario en lo territorial y castrense del sagrario de esta Santa Iglesia Catedral en el distrito de San Juan Bautista, desposé y casé por palabras de presente a Don Eusebio Víctor Donoso y Fernández, natural de la villa de Don Benito, de estado soltero, de quince años y seis meses de edad, hacendado y vecino de esta Ciudad, hijo legítimo de Don Pedro Donoso, natural de dicho Don Benito, labrador, granjero y hacendado, y de Doña María Elena Fernández, de la misma naturaleza, con Doña Antonia Carbonell y Carbonell, natural de esta Ciudad, de estado soltera, de catorce años y cuatro meses de edad, hija legítima de Don Manuel José Carbonell, natural de la villa de

---

[313] Archivo Parroquial de la Iglesia de Santiago Apóstol de Don Benito, Libro de casados 15, Folio 26.

Copóns, provincia de Igualada, hacendado, labrador y granjero, y vecino de esta Ciudad, y de Doña Manuela Segura y Carbonell, natural de dicho Copóns; habiendo precedido todos los requisitos requeridos para la validez y legitimidad de esta contrato sacramental, siendo testigos Don Alonso Segundo Pacheco, caballero pensionado de la distinguida Orden de Carlos Tercero, Brigadier de los Ejércitos Nacionales e Individuo de la Diputación provincial y Don Mariano Tiburcio de Castro, Abogado de los Tribunales Nacionales. Y por ser verdad firmo con dicho Señor Cura la presente en Badajoz a primero de septiembre de mil ochocientos treinta y ocho. Rúbricas.- Don Gabriel Rafael Blázquez Prieto; Don Claudio José Barrero"[314].

Don Ramón Donoso con Doña María Manuela Donoso.
"En el día veintisiete de Enero de mil ochocientos cuarenta y dos, yo Don Juan Antonio García, Vicario Ecónomo de esta Parroquia, velé según dispone nuestra Santa Madre Iglesia a Don Ramón Donoso Parejo, hijo legítimo de Don Manuel Donoso Cortés y Doña Dolores Parejo, con Doña María Manuela Donoso y Canedo, hija legítima de Don Pedro Donoso Cortés y Doña María Fernández Canedo, desposados en Villanueva de la Serena. Fueron testigos Don Ramón Donoso Canedo y Don Francisco Camilo Sánchez Miranda. Rúbrica.- Juan Antonio García"[315].

Don Francisco Donoso con Doña Amalia Torre.
"En el día veintisiete de Enero de mil ochocientos cuarenta y dos, yo Don Juan Antonio García, Vicario Ecónomo de esta Parroquia, velé según dispone nuestra Santa Madre Iglesia a Don Francisco Donoso Canedo, hijo legítimo de Don Pedro

---

[314] Archivo de la Catedral de San Juan Bautista de Badajoz, Libro 14, Folio 204.
[315] Archivo Parroquial de la Iglesia de Santiago Apóstol de Don Benito, Libro de casados 15, Folio 252v.

Donoso Cortés y Doña María Fernández Canedo, con Doña Amalia Torre Donoso, hija legítima de Don Pedro Torre e Ysunza y Doña Vicenta Donoso Cortés, que habían sido desposados en Villanueva de la Serena. Fueron testigos Don Ramón Donoso Cortés y Don Francisco Camilo Sánchez Miranda. Rúbrica.- Juan Antonio García"[316].

Don Pedro Donoso Cortés con Doña María Juana Gómez Valadés.

"En el Oratorio de la casa n° 6 de Villanueva, jurisdicción de Santiago, de la Ciudad de Don Benito, provincia de Badajoz, diócesis de Plasencia, el día treinta y uno de Enero de mil ochocientos noventa y cuatro yo el infrascrito, Presbítero Cura Párroco de la misma, previos los requisitos legales, examen en doctrina cristiana y dispensadas las tres canónicas moniciones y por S.S. un tercer grado despacho del día anterior del J.S. Provisor desposé, casé y velé in facie Ecclesiae por palabras de presente a Don Pedro María Donoso Cortés Martínez, de 28 años, hijo legítimo del Exmo. Sr. Don Emilio y Doña Justa, marqueses de Valdegamas, naturales de Madrid el contrayente, el padre de la Ciudad de Salamanca, con Doña María Juana Gómez Valadés, de 28 años, los dos solteros, hija legítima de Don Alfonso y Doña Elena Donoso Cortés, naturales de esta, viven calle de Villanueva n° 6.

Confesaron y comulgaron, siendo testigos Don Pedro León Donoso Cortés y Ramón Donoso Cortés, naturales de esta. Y lo firmo. Rúbrica.- Leandro Muñoz"[317].

---

[316] Archivo Parroquial de la Iglesia de Santiago Apóstol de Don Benito, Libro de casados 15, Folio 252v.

[317] Archivo Parroquial de la Iglesia de Santiago Apóstol de Don Benito, Libro de casados 24, Folio 282.

4.3. Partidas de defunción.

Juan Donoso Cortés Rodríguez.

"En el día veinte de Junio año de mil setecientos sesenta y tres, se enterró Juan Donoso Cortés, viudo de Josepha Gómez, en sepultura de diez y ocho reales. Recibió los Santos Sacramentos. Otorgó su testamento ante Pedro Calderón en diez y ocho del mismo mes en el que ordenó que el día de su entierro acompañase su cuerpo la Cofradía de Señor San Pedro y las dos comunidades de Religiosos de Medellín y Villanueva, que el día de sus oficios se le cantase una vigilia con asistencia de dicha Cofradía y que se celebrasen por su alma ciento cuarenta y cinco misas dichas en colecturía, testamentarios a Francisco Donoso, su hijo, y Joseph Barroso, y por heredero al dicho su hijo. Rúbrica.- Francisco Pérez del Risco"[318].

Francisco Donoso Cortés López.

"En el día cuatro de Agosto de mil setecientos noventa y cinco se enterró Francisco Donoso Cortés, marido de Josefa García de Paredes. Recibió para morir los Santos Sacramentos. Testó ante Josef Ramón Álvarez, escribano del número de esta villa en veinte y nueve de julio de este presente año y mandó que el día de su entierro acompañase a su cuerpo la Cofradía de San Pedro de esta dicha villa, que se le cantase vigilia y misa de cuerpo presente, oficios y cavo de año con vigilia y asistencia de dicha Cofradía que celebrasen por su alma y a disposición de sus testamentarios ciento noventa y cinco misas rezadas y colecturía de esta

---

[318] Archivo Parroquial de la Iglesia de Santiago Apóstol de Don Benito, Libro de difuntos 6, Folio 181v-182.

expresada villa, que nombró a la dicha su mujer, a Francisco García de Paredes, su hermano político, a Juan Donoso, su hijo, Agustín Roldán y Juan Santos García, sus yernos, y por herederos a Juan, Francisco, María y Antonia Donoso Cortés, sus cuatros hijos y de la expresada Josefa García de Paredes, su mujer, en sepultura de diez y ocho reales. Rúbrica.- Licenciado Gaspar Matías Obesso"[319].

Francisco Donoso Cortés Recalde Pavón.

"En el día veinte y nueve d Enero de mil ochocientos y cinco años, se enterró Francisco Donoso Cortés, soltero, hijo de Juan Donoso Cortés y Vicenta Recalde Pavón, recibió para morir los Santos Sacramentos, y el dicho su padre dispuso se le hiciese su entierro con la asistencia de la Cofradía de San Pedro de esta villa y las dos comunidades de Religiosos Franciscanos de las villa de Medellín y Villanueva, oficios se le cantase vigilia y misa de cuerpo presente, oficios y cavo de año, con vigilia y asistencia de dicha Cofradía, se enterró en sepultura de diez y ocho reales. Rúbrica.- Licenciado Don Gaspar Matías Obesso"[320].

Juan del Ldo. Don Pedro Donoso y María Fernández Canedo.

"En diez de dicho mes de Marzo (10/03/1808), se enterró Juan Donoso Cortés niño, hijo del Licenciado Don Pedro Donoso Cortés y María Fernández Canedo, en sepultura de diez y ocho reales. Rúbrica.- Licenciado Obeso"[321].

Juan Donoso Cortés García de Paredes.

---

[319] Archivo Parroquial de la Iglesia de Santiago Apóstol de Don Benito, Libro de difuntos 9, Folio 6.

[320] Archivo Parroquial de la Iglesia de Santiago Apóstol de Don Benito, Libro de difuntos 10, Folio 15v.

[321] Archivo Parroquial de la Iglesia de Santiago Apóstol de Don Benito, Libro de difuntos 10, Folio 142.

"En el día once de Julio de mil ochocientos y trece años, se enterró Juan Donoso Cortés, marido de Vicenta Recalde Pavón, murió de repente, y el Licenciado Don Pedro Donoso, su hijo, dispuso se le hiciese su entierro, con la asistencia de la Cofradía de San Pedro, de esta villa, la comunidad de Religiosos Franciscanos, de la villa de Villanueva de la Serena, que se le cantase vigilia y misa de cuerpo presente, oficios y cavo de años con vigilia y asistencia de dicha Cofradía, y celebrasen por su Alma doscientas misas veradas, que fue su voluntad, se celebrasen de apuntamiento en los días del entierro y oficios, y las restantes por sujetos de su satisfacción, en sepultura de diez y ocho reales. Rúbrica.- Licenciado Obesso"[322].

María Josefa Donoso-Cortés y Fernández-Canedo.
"En veinte y uno de dicho mes (21/08/1814), se enterró en el Campo Santo, Doña María Donoso niña, hija del Licenciado Don Pedro Donoso y Doña María Fernández Canedo, en sepultura de diez y ocho reales. Rúbrica.- Licenciado Obeso"[323]
.

Antonio Donoso-Cortés y Fernández-Canedo.
"En dicho día (09/07/1818) se enterró en el Campo Santo, Antonio Donoso Cortés, niño, hijo del Licenciado Don Pedro Donoso Cortés y Doña María Fernández Canedo, en sepultura de diez y ocho reales. Rúbrica.- Monte"[324].

Helena Donoso-Cortés y Fernández-Canedo.
"En el día catorce de Junio de dicho año (14/06/1823) se enterró en el Campo Santo Helena María niña, hija de Don

---

[322] Archivo Parroquial de la Iglesia de Santiago Apóstol de Don Benito, Libro de difuntos 11, Folio 115v-116.
[323] Archivo Parroquial de la Iglesia de Santiago Apóstol de Don Benito, Libro de defunciones 11, Folio 148v.
[324] Archivo Parroquial de la Iglesia de Santiago Apóstol de Don Benito, Libro de defunciones 11, Folio 279.

Pedro Donoso Cortés y Doña María Fernández Canedo, en sepultura de diez y ocho reales. Rúbrica.- Monte"[325].

Manuel Donoso Cortés Recalde Pavón.
"En el día veinte y cinco de Diciembre de mil ochocientos veinte y ocho se enterró en el Campo Santo Manuel Donoso Cortés, marido de Francisca Dolores Parejo, murió el día antes y para morir recibió los Santos Sacramentos. Otorgó testamento en octubre del corriente ante Cándido Martín Castejón, como escribano del Juzgado de esta villa, y su Archivo en el oficio Don Alfonso Bravo y Medina escribano del número 2 y dispuso su entierro con vigilia y misa cantada de cuerpo presente, oficios y cavo de año con asistencia del venerable cabildo sacerdotal de Nuestro Padre San Pedro y se celebren por su alma e intención cincuenta misas cesadas que fueron de aprestamiento celebradas en los días de entierro y oficios, nombró por su único heredero a Ramón, su hijo legítimo y de dicha su mujer, y testamentarios a la dicha su mujer, Don Pedro y Don Juan Donoso, sus hermanos, y Don Pedro de Torres, su cuñado, en sepultura de diez y ocho reales. Rúbrica.- Monte"[326].

Vicenta Recalde Pavón y Salvador.
"En el día cuatro de Noviembre de mil ochocientos treinta y dos se enterró en el Campo Santo Vicenta Recalde Pavón, viuda de Juan Donoso Cortés, la que murió antes, para ello recibió los Santos Sacramentos. Testó ante José de Sosa Valadés escribano de número en siete de abril de mil ochocientos veinte y seis, se dispuso su entierro con vigilia y misa cantada de cuerpo presente, oficios y cavo de año con

---

[325] Archivo Parroquial de la Iglesia de Santiago Apóstol de Don Benito, Libro de defunciones 12, Folio 4v.
[326] Archivo Parroquial de la Iglesia de Santiago Apóstol de Don Benito, Libro de difuntos 12, Folio 222-222v.

vigilia y memoria y doscientos noventa y cinco misas rezadas por su alma e intención con asistencia ambos días del venerable cabildo sacerdotal de Nuestro Padre San Pedro y misas de aprestamiento en dichos dos días, nombró por testamentario a Juan Donoso, Licenciado Don Pedro Donoso y herederos a Don Pedro, Don Manuel, Don Juan y Doña Vicenta Donoso Cortés, sus hijos, en sepultura de diez y ocho reales"[327].

Hija de Don Juan Donoso y Doña Teresa Carrasco Gómez.

"En la villa de Cáceres, en veinte y seis de Diciembre de mil ochocientos treinta y dos, fue sepultada María Josefa, hija de Don Juan Donoso y de D^a. Teresa Carrasco Gómez, la que fue sepultada en dicho día, y concluido el oficio de sepultura en esta Parroquia de San Juan, fue conducida al cementerio en ataúd. Rúbrica.- Blas Gómez Durán"[328].

Doña Teresa Carrasco, mujer de Don Juan Donoso.

"En la villa de Cáceres en tres de Junio de mil ochocientos treinta y cinco falleció Doña Teresa Carrasco, mujer de Don Juan Donoso, recibió los Santos Sacramentos de Penitencia, Viático, Extremaunción, no testó y fue sepultada el día cuatro por la tarde con asistencia del Cabildo Eclesiástico y comunidades religiosas, precediendo la Vigilia y Oficio de Sepultura y concluido este fue conducida al cementerio; y en el día cinco se celebró la Misa cantada de dicho Cabildo, celebrándose antes otra Misa que se dice de la Iglesia, como también Misas generales que se ofició en el día seis se celebraron los sufragios de Vigilia y Misa cantada con Diáconos de Honras, y con la misma asistencia del Cabildo

---

[327] Archivo Parroquial de la Iglesia de Santiago Apóstol de Don Benito, Libro de difuntos 12, Folio 385-385v.
[328] Archivo Parroquial de la Iglesia de San Juan Bautista de Cáceres.

Eclesiástico; celebrándose dichos sufragios por el Cura y Beneficiados de esta Parroquia de San Juan. Y lo firmé. Rúbrica.- Blas Gómez Durán"[329].

Don Pedro Donoso Cortés Fernández Canedo.

"Como Teniente mayor de la Iglesia Parroquial de Santa María la Real de la Almudena de Madrid, en dos de Junio de mil ochocientos cuarenta y siete, mandé dar sepultura eclesiástica al cadáver de Don Pedro Donoso Cortés, Oficial de la Secretaría del Ministerio de Gracia y Justicia, de edad de treinta y seis años, natural de la villa de Don Benito en Extremadura, hijo de Don Pedro y de Doña María Elena Fernández Canedo, de la misma naturaleza, y casado con Doña Benita Barcenilla, que falleció el día treinta y uno de Mayo último a las doce de la noche en la calle de la Almudena, número ciento diez y siete, cuarto tercero, a consecuencia de una hidropesía del hígado, según el Facultativo. En veinte y cuatro de Febrero del mismo año otorgó testamento en esta Corte ante el Escribano del número Don Basilio María de Arauna, en el que ordena: que su sepelio sea en cementerio de su Parroquia, y su funeral, misa y demás sufragios al arbitrio de sus Albaceas, e instituyó por sus únicos y universales herederos a sus cinco hijos Don Emilio, Don Ricardo, Doña Elena, Doña María Josefa y Don Juan Donoso Cortés, y por sus Albaceas, contadores y partidores a su hermano el Excelentísimo Señor Don Juan Donoso Cortés, el Excelentísimo Señor Don Manuel Seoane y al Señor Don Antonio Beltrán y Varas. Fue sepultado en el Cementerio de la Sacramental de San Nicolás dicho día dos de Junio y de la fecha. Rúbrica.- Joaquín Pozo"[330].

---

[329] Archivo Parroquial de la Iglesia de San Juan Bautista de Cáceres.

[330] Archivo Parroquial de la Iglesia de Santa María la Real de la Almudena de

154

Sr. Don Pedro Donoso Cortés Recalde Pavón.
"Como Cura Rector de la Iglesia Parroquial de Santiago de esta villa de Don Benito, provincia de Badajoz, mandé dar sepultura en el día tres de Febrero de mil ochocientos cincuenta y cuatro al Sr. Don Pedro Donoso Cortés, Marqués de Valdegamas, de setenta y dos años, marido de Doña Elena Fernández Canedo, hijo de Don Juan Donoso Cortés y Doña Vicenta Recalde Pabón: ésta natural de Casatejada, los demás de esta villa; murió el día antes de exposición cutánea crónica según certificación del facultativo Don Diego Félix García, para ello recibió los Santos Sacramentos, testó en veinte y ocho de Abril de mil ochocientos cuarenta y uno ante Don Prudencio López Acedo, escribano que es de este juzgado, en el cual dispuso su entierro con vigilia, misa cantada de cuerpo presente, oficios y cavo de año, con asistencia de la cofradía, y que se dijesen por su alma, la de sus padres y abuelos, ciento cincuenta misas rezadas, y su esposa e hijos mandaron que se le hiciese entierro de primera clase, y lo mismo el día de los oficios acompañando el clero al cadáver al Campo Santo; en ambos días se le dijeron misas de aprestamiento por todos los sacerdotes de esta villa; nombró por sus albaceas testamentarios a Don Juan Donoso Cortés, su hermano, y Don Pedro Torre Ysunza, en unión de sus siete hijos, Don Juan, Don Pedro, Don Manuel, Don Francisco, Don Ramón, Doña María Manuela y Don Eusebio Donoso Cortés Fernández Canedo, a quienes instituyó por sus herederos, en sepultura propia. Rúbrica.- Domingo Heredero"[331].

Madrid, libro 6, folio 464v.
[331] Archivo Parroquial de la Iglesia de Santiago Apóstol de Don Benito, Libro de difuntos 17, Folio 6v-7.

Ilustrísimo Señor Don Juan Donoso Cortés Recalde Pavón.
"Nota marginal.- Mesones.

Como Vicario Ecónomo de la Iglesia Parroquial de Santiago de esta Villa de Don Benito, Provincia de Badajoz, por ausencia del Señor Cura Rector de ella, mandé dar sepultura en el día veinte y dos de Mayo de mil ochocientos cincuenta y seis, al Ilustrísimo Señor Don Juan Donoso Cortés Recalde, de edad de sesenta y tres años, Coronel graduado y Jefe Superior de Hacienda, Mayordomo de semana de S.M. Condecorado varias cruces de distinción, marido de la Ilustrísima Señora Doña Jacoba Garoz y Zayas, hijo de Don Juan y Doña Vicenta Recalde Pabón, esta natural de Casatejada; murió el día antes de pulmonía crónica según certificación del facultativo Don Diego Félix García, para ello recibió los Santos Sacramentos, testó en quince de Mayo de mil ochocientos cincuenta y seis ante Don José Gallardo Valadés, Escribano del número de esta Villa, en el cual dejó su entierro, y misas a la elección de su Señora Esposa, y esta dispuso se le hiciera de primera clase, e le cantaran en el día del entierro tres nocturnos y laudes y misa cantada con diáconos acompañando la Cofradía al Campo Santo al cadáver, e igual solemnidad en el día de los oficios, se le dijeron tres días misas de apuestamiento, dejándose a ocho reales su limosna; testamentarios albacea de la precitada su Señora Esposa y por herederas universal de todos sus bienes a la referida Doña Jacoba Garoz y Zayas, en sepultura propia. Rúbrica.- Fernando Ruiz y Barroso"[332].
Doña María Elena Fernández Canedo.
"Nota marginal.- 1er Viudas. Propia.

---

[332] Archivo Parroquial de la Iglesia de Santiago Apóstol de Don Benito, Libro de difuntos 18, Folio 10.

Como Cura Rector de la Iglesia Parroquial de Santiago de esta Ciudad de Don Benito, Provincia de Badajoz, mandé dar sepultura en el día once de Julio de mil ochocientos cincuenta y seis a Doña María Elena Fernández Canedo, de setenta y dos años, viuda de Don Pedro Donoso Cortés, Marqués de Valdegamas, hija de Don Francisco y Doña Juana Pérez Rodríguez, murió el día antes, para ello recibió los Santos Sacramentos, testó en veinte y ocho de Abril de mil ochocientos cuarenta y cinco ante Don Prudencio López Acedo, escribano del Juzgado en el que dispuso su entierro con vigilia, misa cantada de cuerpo presente, oficios y cavo de año con asistencia de la cofradía, y sus hijos mandaron se le hiciese entierro de primera clase y lo mismo el día de los oficios acompañando el clero al cadáver al Campo Santo, y que se dijesen por su alma, la de sus padres y abuelos ciento cincuenta misas. Testamentarios Don Juan Donoso y Don Pedro Torres Ysunza, y por herederos a Don Juan, Don Pedro, Don Manuel, Don Ramón, Doña María Manuela y Don Eusebio y Don Francisco, en sepultura propia. Rúbrica.- Domingo Heredero"[333].

Vicenta Donoso Cortés Recalde Pavón.

"En la Ciudad de Don Benito, provincia de Badajoz, en el día veinte y nueve de Agosto de mil ochocientos sesenta y nueve, en la calle de Palacios, jurisdicción de esta parroquia de Santiago, falleció Doña Vicenta Donoso Cortés, de setenta y tres años, mujer de Don Pedro de Torre y Sunza, hija legítima de Don Juan Donoso Cortés y de Doña Vicenta Recalde y Pavón; recibió los Santos Sacramentos; testó en diez y seis de octubre de mil ochocientos sesenta y cuatro, ante Don José Gallardo Valadés, y dispuso su entierro con

[333] Archivo Parroquial de la Iglesia de Santiago Apóstol de Don Benito, Libro de difuntos 18, Folio 31v.

vigilia, misa cantada y oficios con acompañamiento del Estado Sacerdotal, y que se celebraron por su alma e intención cincuenta misas, celebrándose de aprestamientos en los días de su entierro y oficios; nombró por testamentarios a sus hijos Don Pedro y Don Cesáreo, a su sobrino Don Francisco Donoso Cortés, al Sr. Cura que es o fuere de esta parroquia, a Don Juan y Don Patricio de Torre y Sunza, y por herederos a sus hijos Don Pedro, Don Cesáreo, Doña Amalia, Doña Elisa y Doña Petra; y al día siguiente treinta se dio sepultura en caja en el cementerio de esta parroquia y para que conste, lo firmé. Rúbrica.- Domingo Heredero"[334].

Don Ramón Donoso-Cortés y Fernández-Canedo.
"En la Ciudad de Don Benito, provincia de Badajoz, mes día veinte y seis de Diciembre de mil ochocientos setenta y dos, en la calle del Mirador, jurisdicción de esta parroquia de Santiago, falleció Don Ramón Donoso Cortés, de cincuenta y seis años, marido de Doña María Solo de Zaldívar, hijo de Don Pedro Donoso Cortés y de Doña María Elena Fernández Canedo, naturales y vecinos de esta Ciudad; recibió el Santo Sacramento de la extremaunción; testó en veinte y ocho de Enero de mil ochocientos sesenta y cuatro ante Don Cipriano Díaz Gallardo, y dispuso su entierro con vigilia, misa cantada y oficios con asistencia del Estado sacerdotal, y que se celebraron en ambos días misas de aprestamiento; nombró por testamentarios a sus hermanos Don Francisco, Don Manuel y Don Eusebio Donoso Cortés y por herederos a sus hijos Don Enrique, Don Santiago, Doña Luisa, Doña Elena, Don Guillermo y Doña Manuela Donoso Cortés; y al día

---

[334] Archivo Parroquial de la Iglesia de Santiago Apóstol de Don Benito, Libro de difuntos 23, Folio 208v.

siguiente se le dio sepultura en el cementerio y para que conste, lo firmo. Rúbrica.- Domingo Heredero"[335].

Don Eusebio Donoso Cortés Fernández Canedo.
"En la Ciudad de Badajoz, a las nueve de la mañana del día diez de Julio de mil ochocientos setenta y seis, ante Don Francisco Páez de la Cadena, Juez municipal, y Don Francisco Díaz Ledesma, Secretario; compareció Don Antonio Mejías Romero, natural de La Coruña, mayor de edad; estado civil casado; ocupación escribiente, domiciliado en esta Capital calle de Chapin n° ocho, manifestando en calidad de amigo que Don Eusebio Donoso Cortés Fernández, natural de Don Benito, en esta provincia; edad de cincuenta y tres años; ocupación Gobernador Civil cesante y domiciliado en esta población, falleció a las dos de la tarde del día de ayer en la calle de Moraleja n° veinte y cuatro a consecuencia de reblandecimiento cerebral según certificación facultativa que se acompaña al parte y manifestación presentado por el declarante con arreglo al art. 77 de la ley y 63 de reglamento, a fin de obtener la correspondiente providencia de enterramiento.

En vista de esta manifestación y la certificación facultativa presentada y que se deja archivada como documento referente a esta inscripción, el Sr. Juez municipal dispuso que se extendiese la presente Acta, consignándose en ella, además de lo expuesto por el declarante y en virtud de las noticias que se han podido adquirir, las circunstancias siguientes:

Que el referido finado estaba casado en el acto del fallecimiento con Doña Antonia Carbonell, de cuyo matrimonio deja un hijo llamado Don Pedro. Que era hijo

---

[335] Archivo Parroquial de la Iglesia de Santiago Apóstol de Don Benito, Libro de defunciones 24, Folio 233.

legítimo de Don Pedro y de Doña María Elena. Que según noticias no otorgó testamento y que a su cadáver se le ha de dar sepultura en el Cementerio de esta población. Fueron testigos presenciales Mariano Rojas y Jerónimo Carrasco, ambos de esta naturaleza y vecindad.

Leída íntegramente esta Acta, e invitadas las personas que deben suscribirla a que la leyeran por sí mismas, si así lo creían conveniente, se estampó en ella el sello del Juzgado municipal, y la firmaron el Sr. Juez, el compareciente y los testigos, de todo lo que certifico. Rúbricas.- Francisco Páez de la Cadena; Antonio Mejías; Mariano Rojas; Jerónimo Carrasco; Francisco Díaz"[336].

Exmo. Sr. Don Francisco Donoso Cortés Fernández Canedo.

"En la villa de Don Benito, provincia de Badajoz, el día veintinueve de Noviembre de mil ochocientos setenta y siete, en la calle de Viudas, número seis, jurisdicción de esta parroquia de Santiago, falleció el Exmo. Señor Don Francisco Donoso Cortés y Fernández Canedo, de sesenta y tres años de edad, ex-Presidente del Tribunal de Cuentas, ex-Senador del Reino, ex-Consejero de Estado y Caballero Gran Cruz de Isabel la Católica, marido de Doña Amalia Torre Ysunza, hijo legítimo de Don Pedro Donoso Cortés y de Doña María Elena Fernández Canedo, todos de esta naturaleza y vecindad; recibió los Santos Sacramentos, otorgó testamento nuncupativo en treinta de octubre de mil ochocientos sesenta y tres, ante el notario de esta ciudad Don José Gallardo Valadés, en el cual dispuso que, si falleciere en esta población, fuese su entierro igual en un todo al de sus padres y dejó a la piedad de su dicha mujer todo lo concerniente a misas y limosnas, y al día siguiente se le

---

[336] Registro Civil de Badajoz, Sección 3ª, Libro 14, Folio 2.

hicieron los funerales con vigilia de nueve lecciones, oficios en igual forma, asistiendo la cofradía de tres sacerdotes y se dio sepultura a su cadáver en sepulcro de su familia. Y para que conste lo firmo. Rúbrica.- Domingo Heredero"[337].

Benita Barcenilla y Sendín.

"En la Villa de Madrid a la una de la tarde del día veintidós de Marzo de mil ochocientos ochenta y ocho, ante el Señor Don Antonio Domínguez Alfonso, Juez Municipal del Distrito de Buenavista de la misma, y Don José de Castro Saavedra, Secretario, compareció Don Ramón García y Fernández, natural de esta Corte, mayor de edad, casado, industrial, domiciliado en la calle de la Magdalena, número treinta, piso cuarto, según cédula de undécima clase que exhibe y recoge, manifestando que Don Benita Barcenilla y Sendín, natural de Salamanca, de setenta y seis años de edad, viuda, pensionista, domiciliada en la calle de la Libertad, número diez, cuarto tercero, falleció en el mismo a las ocho y media de la mañana de hoy a consecuencia de catarro pulmonar crónico de lo cual daba parte en debida forma como autorizado por Don Emilio Donoso Cortés, hijo de la finada. En vista de esta manifestación y de las certificaciones facultativas presentadas, el Señor Juez dispuso se extendiese este acta consignándose las circunstancias siguientes: Que la referida finada era viuda de Don Pedro Donoso Cortés, natural de Don Benito, provincia de Badajoz, de cuyo matrimonio deja cuatro hijos llamados Doña Elena, Doña Josefa, Don Juan y el autorizante. Que era hija de Don José Barcenilla y de Doña Inocencia Sendín, naturales de dicho Salamanca, difuntos. Que ignora si otorgó testamento. Y que a su cadáver se le había de dar sepultura en el cementerio de

---

[337] Archivo Parroquial de la Iglesia de Santiago Apóstol de Don Benito, Libro de difuntos 26, Folio 120.

la Sacramental de San Lorenzo. Presenciaron esta inscripción los testigos Don Saturnino Medrano y Alarcón, natural de la Cemita, provincia de Albacete, mayor de edad, casado, empleado, domiciliado en la calle de Fuencarral, noventa y cuatro, y Don Raimundo Casal y Barbeito, natural de Monforte, provincia de Lugo, mayor de edad, soltero, empleado, domiciliado en la de San Bernardino, nueve. Leída esta acta por los que deben suscribirla, la hallan conforme, se sella y firman con el Señor Juez, certifico. Rúbricas.- A. Domínguez; Ramón García; Saturnino Medrano; Raimundo Casal; José de Castro Saavedra"[338].

Don Manuel Donoso Cortés Fernández Canedo.

"Nota marginal.- Calle de Villanueva. Núm. 43.

En la Ciudad de Don Benito, provincia de Badajoz, diócesis de Plasencia; el día diez y siete de Julio de mil ochocientos noventa y dos, en la calle de Villanueva, jurisdicción de esta Parroquia de Santiago, falleció Don Manuel Donoso Cortés, de ochenta años, viudo de Doña Isabel Gómez Valadés, hijo legítimo de Don Pedro León y de Doña María Elena Fernández Canedo, naturales y vecinos de esta Ciudad; recibió los Santos Sacramentos, testó en diez y seis de agosto de mil ochocientos ochenta y nueve ante Don Martín Gálvez. Y al día siguiente se le hizo entierro de Cofradía de primera clase con asistencia al Cementerio, dando sepultura a su cadáver en el Cementerio de esta Parroquia. Y para que conste lo firmo. Rúbrica.- Leandro Muñoz"[339].

---

[338] Registro Civil de Madrid, Distrito de Buenavista, Libro 56, Folio 251v.
[339] Archivo Parroquial de la Iglesia de Santiago Apóstol de Don Benito, Libro de difuntos 30, Folio 131.

Doña María Manuela Donoso-Cortés y Fernández-Canedo.

"Nota marginal.- Calle de Donoso Cortés, Núm. 4. Sepulcro sin pagar.

En la Ciudad de Don Benito, provincia de Badajoz, diócesis de Plasencia; el día diez de Octubre de mil ochocientos noventa y cinco, en la calle de Donoso Cortés, jurisdicción de esta Parroquia de Santiago, falleció Doña María Manuela Donoso Cortés de setenta y ocho años, viuda de Don Ramón Donoso Cortés, hija legítima de Don Pedro y de Doña Elena Fernández Canedo, naturales y vecinos de esta Ciudad; recibió todos los santos sacramentos. Y al día siguiente se le hizo entierro de Cofradía dando sepultura a su cadáver en el Cementerio de esta Parroquia. Y para que conste lo firmo. Rúbrica.- Leandro Muñoz"[340].

Don Emilio Donoso Cortés y Barcenilla.

"En la Ciudad de Badalona, a las nueve y media del día quince de Julio de mil novecientos tres, ante Don Andrés Gatto Vidal, Juez Municipal y Don Juan de Viala y Rubio, Secretario, compareció Don José Casals, natural de Badalona, provincia de Barcelona, mayor de edad, casado, albañil, domiciliado en esta ciudad, calle de San Anastasio, número sesenta y tres, manifestando que Don Emilio Donoso Cortés y Barcenilla, natural de Salamanca, provincia de ídem, empleado, de sesenta y nueve años de edad y domiciliado en la calle Santa Madrona, nº 14, falleció a las cinco de hoy, en su domicilio, a consecuencia de asistolia, de lo cual daba parte en debida forma, como vecino encargado por la familia del difunto.

---

[340] Archivo Parroquial de la Iglesia de Santiago Apóstol de Don Benito, Libro de defunciones 30, Folio 327v.

En vista de esta manifestación y de la certificación facultativa presentada, el Sr. Juez municipal dispuso que se extendiese la presente acta de inscripción, consignándose en ella, además de lo expuesto por el declarante y en virtud de las noticias que se han podido adquirir, las circunstancias siguientes: que estaba casado con Doña Justa Martinezéspedes y Gómez, natural de Giano, de cuyo matrimonio han tenido seis hijos llamados Pedro, Mauricio, María, Ignacia y María Manuela, vivientes; Pedro, difunto. Que era hijo legítimo de Don Pedro Donoso Cortés y de Doña Benita Barcenilla, difuntos, natural de Don Benito y de Salamanca, respectivamente. Que no otorgó testamento. Y que a su cadáver se habrá de dar sepultura en el cementerio de esta Ciudad. Todo lo cual presenciaron como testigos Don José Castaños, natural de Badalona y domiciliado en la misma, calle de San Francisco, número cuarenta y tres y Don José Padros, natural de Vide y domiciliado en Badalona, calle del Rector, número cincuenta y ocho.

Leída íntegramente esta acta, e invitadas las personas que deben suscribirla a que la leyeran por sí mismas, si así lo creían conveniente, se estampó en ella el sello del Juzgado municipal y la firmaron el Sr. Juez, el declarante y los testigos, de que certifico. Rúbricas.- Andrés Gatto; José Casals; José Castaños; José Padros; Juan de Viala Rubio"[341].

Doña Elena Donoso Cortés y Gómez Valadés.

"En la Ciudad de Don Benito, a las doce del día veintidós de Noviembre de mil novecientos seis; ante Don Antonio García Sánchez, en funciones de Juez municipal y Don Constantino Sánchez Miranda, Secretario, compareció Francisco Martín Barragán con su cédula personal, natural de Montijo, mayor de edad, estado civil soltero, ocupación

---

[341] Registro Civil de Badalona, Sección 3ª, Libro 34, Folio 82.

amanuense, y domiciliado en esta Ciudad, calle Pocotrigo, manifestando en calidad de convecino de la finada que Doña Elena Donoso-Cortés y Gómez-Valadés, natural de ésta, de setenta y ocho años de edad, ocupación propietaria y domiciliada en la misma, calle Villanueva, falleció a las diez y nueve del día de ayer, en su domicilio a consecuencia de fiebre gripal según certificación facultativa que se acompaña al parte y manifestación presentada por el declarante a fin de obtener la correspondiente licencia de enterramiento.

En vista de esta manifestación facultativa presentada y que se deja archivada como documento referente a esta inscripción el Sr. Juez municipal dispuso que se extendiese la presente acta, consignándose en ella además de lo expuesto por el declarante y en virtud de las noticias que se han podido adquirir, las circunstancias siguientes.

Que la referida finada estaba viuda en el acto del fallecimiento de Don Alonso Gómez-Valadés y García de Paredes, de quien tuvo seis hijos llamados, Don Alfonso, Doña María Elena, Don Joaquín, Doña María Juana, Doña María Genara y Doña Isabel María, estas dos últimas difuntas. Que era hija legítima de Don Manuel Donoso Cortés, natural de esta y de Doña Isabel Gómez Valadés, natural de ídem, difuntos. Que según noticias otorgó testamento ante el Notario de esta Ciudad Don Inocente Ricardo Lozano y Gutiérrez con fecha seis de julio de mil novecientos cuatro, y que a su cadáver se habrá de dar sepultura en el cementerio de católicos de esta Ciudad. Fueron testigos presenciales Estanislao Sánchez García y Francisco Ramos González, mayores de edad y de esta vecindad.

Leída íntegramente esta acta, e invitadas las personas que deben suscribirla a que la leyesen por sí mismas, si así lo creían conveniente se estampó en ella el sello del Juzgado municipal y la firmaron el Sr. Juez, los testigos y el declarante, y de todo ello, como Secretario, certifico. Rúbricas.- Antonio García Sánchez; Francisco Martín Barragán; Estanislao Sánchez; Francisco Ramos; Constantino Sánchez Miranda"[342].

Exmo. Señor Don Enrique Donoso Cortés y Sólo de Zaldívar.

"En la Ciudad de Don Benito a las diez del día veinte y tres de Febrero de mil novecientos ocho, ante Don Diego Barquero e Hidalgo-Barquero, Juez municipal, y Don Constantino Sánchez Miranda, Secretario, compareció Clemente Aparicio con su cédula personal, natural de ésta, mayor de edad, estado civil soltero, ocupación herrero, y domiciliado en la misma calle Villanueva, manifestando en calidad de amigo del finado, que el Excelentísimo Señor Don Enrique Donoso Cortés y Solo de Zaldívar, natural de ésta, de sesenta y siete años de edad, ocupación propietario y domiciliado en la misma calle de la Carrera nº 1, falleció a las cuatro y cuarenta y cinco del día de hoy en su referido domicilio a consecuencia de preumonia gripal, según certificación facultativa que se acompaña al parte y manifestación presentada por el declarante a fin de obtener la correspondiente licencia de enterramiento.

En vista de esta manifestación facultativa presentada y que se deja archivada como documento referente a esta inscripción el Sr. Juez municipal dispuso que se extendiese la presente acta, consignándose en ella además de lo expuesto por el declarante y en virtud de las noticias que se han podido adquirir, las circunstancias siguientes.

---

[342] Registro Civil de Don Benito, Sección 3ª, Libro 70, Folio 230.

Que el referido finado estaba viudo en el acto del fallecimiento de Doña María Antonia Ladrón de Guevara, de quién no deja sucesión. Que era hijo legítimo de Don Ramón Donoso Cortés, natural de ésta y de Doña María Asunción Solo de Zaldívar, natural de esta, difuntos. Que según noticias no testó y que a su cadáver se habrá de dar sepultura en el cementerio de católicos de esta Ciudad. Fueron testigos presenciales Don Estanislao Sánchez García y Don Juan Díaz Morcillo, mayores de edad y de ésta vecindad.

Leída íntegramente esta acta, e invitadas las personas que deben suscribirla a que la leyesen por sí mismas, si así lo creían conveniente se estampó en ella el sello del Juzgado Municipal y la firmaron el Sr. Juez, los testigos y el declarante, y de todo ello, como Secretario, certifico. Rúbricas.- Diego Barquero; Clemente Aparicio; Estanislao Sánchez; Juan Díaz; Constantino Sánchez Miranda"[343].

Excmo. Señor Don Pedro María Donoso-Cortés y Martínez de Céspedes.

"En la Ciudad de Don Benito, diócesis de Plasencia, provincia de Badajoz, el día seis de Abril de mil novecientos veinticuatro, yo el infrascrito Presbítero Cura Propio de la Parroquia de Santiago de la misma, mandé dar sepultura eclesiástica al cadáver del Excelentísimo Señor Don Pedro María Donoso-Cortés y Martínez de Céspedes, propietario, natural de Madrid, vecino de esta Ciudad, y de cincuenta y ocho años de edad. Era hijo legítimo de Don Emilio y Doña Justa, naturales de Salamanca, y al ocurrir el fallecimiento se hallaba casado con Doña Juana Gómez Valadés y Donoso Cortés, natural de esta Ciudad. Falleció el cuatro del mismo mes, a las seis de la tarde, calle Villanueva, número cuarenta y tres, de muerte natural, ocasionada, según certificación

---

[343] Registro Civil de Don Benito, Sección 3ª, Libro 72, Folio 149.

facultativa, por congestión pulmonar. Recibió los sacramentos de penitencia, viático y extremaunción. Había otorgado testamento el cuatro de septiembre de mil novecientos dos, ante Don Agustín Rodríguez Mellado, Notario de esta Ciudad. Se le hizo entierro de primera clase con vigilias de tres Nocturnos y Misas de apuntación en ambos días, asistiendo la Cofradía de San Pedro a todos los actos del funeral y hasta el cementerio con cruz alzada. Fueron testigos del sepelio Don Vicente Ruiz y de Medina y Don Miguel de Peralta y Torres-Cabrera, de esta vecindad. Y por verdad lo firmo, fecha ut supra. Rúbrica.- Francisco Pablos"[344].

---

[344] Archivo Parroquial de la Iglesia de Santiago Apóstol de Don Benito, Libro de defunciones 3, Folio 289.

5. Anexo II: Certificación que acredita la remesa a la Cámara del expediente sobre si en Pedro, Manuel, Juan y Vicenta Donoso Cortés, concurren las circunstancias para obtener la Gracia de Hidalguía[345].

---

[345] La siguiente transcripción se corresponde con el texto del documento original, que se encuentra en el Archivo Histórico Provincial de Cáceres, con el número de registro R.A. 313/15.

Don Benito 1818
Legajo 116
Para informar a la Real Cámara a instancia de
Don Pedro, Don Manuel, Don Juan y Doña Vicenta Donoso
Cortés, hermanos.
Sobre que se les conceda Privilegio de Hidalguía.
Relator Licenciado Díaz   Secretaría de
Acuerdo
*** *** ***

Excelentísimo Señor
De acuerdo de la Cámara remito a V. E. la adjunta Real
Cédula, por la que manda S.M. que esa Audiencia practique
las diligencias que en ella se expresan, sobre si en Don
Pedro, Don Manuel, Don Juan y Doña Vicenta Donoso
Cortés, hermanos, vecinos de la villa de Don Benito,
concurren las calidades que se requieren para obtener la
gracia de Hidalguía que solicitan; para que haciéndola V.E.
presente en ella disponga su puntual cumplimiento,
avisándome de su recibo.
Dios guarde a V.E. muchos años Madrid 30 de Octubre de
1818.

Rúbrica: Juan Ignacio de Ayertaran
Destino: Señor Presidente de la Audiencia de Extremadura.
*** *** ***
Cáceres Noviembre tres de 1818.
Auto: Se obedece guarde y cumpla la Real Cédula de
diligencias y orden que antecede, y para evacuar las
correspondientes, se da comisión a la persona que nombre el
Señor Regente. Proveído en Acuerdo ordinario de este día y
lo rubrica el Señor Decano de que certifico.

Rúbrica: Pelayo.

Cáceres Noviembre siete de 1818.

Auto: Se nombra para las diligencias de la Real Cédula al Licenciado Don Gerónimo Torrecilla, Alcalde Mayor de la villa de Granja de Torrehermosa, al Excelentísimo Pedro Vigil de Quiñones, y al Alguacil de Corte Don Calixto Hernández y notíciese aquel para la aceptación y salva de derecho. Escribano y Alguacil proveído y rubricado por el Señor Don Francisco Fernández del Pino, Regente de ésta Real Audiencia que certifico. E igualmente en atención a las buenas circunstancias de Don Antonio Rodríguez se le nombra parte oficial de la Comisión de que igualen. Certifico.

Rúbrica: Fernández.   Rúbrica: Pelayo.

Notificación y nota: En dicho día hice saber los nombramientos anteriores al Excelentísimo, Alguacil de Corte y oficial nombrado y con igual fecha noticié al Alcalde Mayor Comisionado. Rúbrica.

Nota: Con fecha veinte de dicho mes se libró la Provisión correspondiente al Comisionado, la que se dirige con carta misiva por mano del Excelentísimo nombrado compuesto de cinco fechas útiles y por al ¿…? y refutada ¿…? derechos 13 ¿…?.

*** *** ***

Excelentísimo Señor

Remito sumisamente a V.E. el expediente original, comprensivo de las diligencias obradas en fuerza del Real Despacho de ese Real Acuerdo, a cerca de la solicitud que en él se expresa a ¿…? de Don Pedro Donoso Cortés y hermanos, vecinos de esta villa sobre que S. M. que Dios guarde les conceda Privilegio de Hidalguía.

Dios guarde a V.E. muchos años Don Benito y Diciembre 12 de 1818.
Rúbrica: Excelentísimo Señor Gerónimo Torrecilla
Destino: Señores Presidente y oidores del Real Acuerdo de la Real Audiencia de Extremadura.
*** *** ***

Nota: En este día de la fecha se me entregaron por el Escribano Pedro Vigil de Quiñones las diligencias que menciona la anterior misiva bajo la cubierta remida, compuesta de ciento cuarenta y siete fechas útiles. Cáceres Diciembre diez y seis de mil ochocientos diez y ocho.
*** *** ***

Cáceres Diciembre diez y siete de 1818
Auto: Al Fiscal de S.M. proveído en Acuerdo ordinario de este día y con rúbrica el Señor Decano de que certifica.
Rúbrica: Pelayo
Nota: puesto en el Agente fiscal en dicho día.
*** *** ***

El Fiscal de S.M. ha visto el expediente formado por el Comisionado del Real Acuerdo para informar a la Cámara acerca de la solicitud al Rey nuestro Señor por el Licenciado Don Pedro Donoso Cortés y sus hermanos Don Manuel, Don Juan y Doña Vicenta, vecinos de la villa de Don Benito para que se les agracie con uno de los seis privilegios de nobleza concedidos para atender con seis productos a la obra del Real Canal de Manzanares, estando prontos a dar por esta gracia la cantidad de sesenta mil reales de vellón, y encuentra: Que resulta Santificadores los referidos hijos legítimos de Juan Donoso Cortés y Doña Vicenta Recalde Pavón, nietos de Francisco Donoso Cortés y Francisca García de Paredes; segundos nietos de Juan Donoso Cortés y Josefa López Gómez; terceros de otro Juan Donoso Cortés y María

172

Rodríguez; y cuartos nietos de Don Juan Donoso Cortés y de Isabel Paredes Palomo, vecinos que fueron de la villa de Campanario, en la que los mismos y sus descendientes por la línea que formó su hijo Don Bartolomé Donoso Cortés han estado y están en la posesión de la hidalguía. Que los referidos Don Pedro Donoso Cortés y hermanos han justificado su entronque con el referido Juan Donoso Cortés e Isabel Paredes Palomo en contradictorio juicio seguido con Don Antonio y Don Gaspar Donoso y Valdivia, vecinos de Campanario, terceros nietos del expresado Juan Donoso Cortés e Isabel Paredes Palomo, como se declaró por la sentencia asesorada dada por el Alcalde ordinario de la expresada villa en 14 de Febrero de 1818 que se declaró por consentida y pasada en autoridad de cosa juzgada por auto de 3 de Marzo del mismo año; de forma que los interesados Don Pedro Donoso y hermanos descendiendo del mismo tronco que Don Antonio y Don Gaspar Donoso y Valdivia, vecinos de Campanario, gozarían de igual nobleza que estos si sus ascendientes tuvieran cuidado de conservar y mantener en su familia este privilegio, como cuidaron de conservarlo los de los referidos Don Antonio y Don Gaspar.

Por la línea materna son nietos de Jacinto Recalde Pavón y Ana María Salvador, naturales y vecinos que fueron de la villa de Casa Tejada y de las principales familias de dicha villa; y tanto estos, como los abuelos paternos han sido habidos y reputados en las referidas villas por cristianos viejos, honrados y limpios de mala raza, habiendo excedido como tales los empleos de república.

De los cuatro referidos hermanos que solicitan la gracia, el Don Juan Coronel retirado de Infantería, Don Manuel y Doña Vicenta son de estado soltero, y el Don Pedro es Abogado de los Reales Consejos, y casado con Doña María

Elena Fernández Canedo; nieta por línea paterna de Don Félix Fernández Canedo y Doña Ana Pérez Rodríguez, vecinos todos de Don Benito excepto el Don Félix que lo fue de Villanueva de la Serena, todos los cuales han sido cristianos viejos, honrados y limpios de mala raza.

Igualmente resulta que Don Gaspar Donoso fue Alcalde por el estado noble en la villa de Campanario en los años de 1786 y 90 y propuesto para el mismo empleo en los años de 85, 86, 88 y 89; y que en el día es Regidor Perpetuo de la misma; que en 1773 fue Regidor de primer voto de las de Don Benito Francisco Donoso Cortés; que en 1793 fueron presentados en la misma villa para Regidores y Alcaldes de la Hermandad Francisco Fernández Canedo y Juan Donoso Cortés; que en 1803 fue diputado del común el mismo Francisco Fernández Canedo; que en 1814 fue Alcalde de primer voto el Licenciado Don Pedro Donoso Cortés, y en el día es vocal de la Junta ¿...? Partido; y que en 1818 fue diputado del común Don Manuel Donoso Cortés.

Por la conforme contestación de los testigos examinados resulta, que ni los pretendientes, ni ninguno de sus ascendientes han sido penitenciados por el Santo Oficio, ni castigados por otro Tribunal por delito que irrogue infamia.

De las diligencias de inventario y partición de los bienes que quedaron por muerte de Juan Donoso Cortés, resulta haberle correspondido a cada uno de sus cuatro hijos Don Pedro, Don Manuel, Don Juan y Doña Vicenta ciento setenta mil ciento setenta y un reales en bienes ¿...? muebles y se movimientos por razón de legítima paterna, los que se han aumentado considerablemente según dicen los testigos; uniendo a este legítima el Don Pedro trescientos sesenta y cinco mil trescientos ochenta reales que aportó al matrimonio su mujer Doña María Elena Fernández Canedo según resulta de las diligencias de inventario y partición de los bienes que quedaron por muerte de su padre Francisco Fernández Canedo, produciéndoles las legítimas paternas, cuyos bienes están libres de toda carga, una renta de quince mil reales anuales.

Sin embargo de que en las diligencias de comisión no resulta como debiera, especificado el Pueblo o Pueblos donde existan los bienes de los pretendientes, ni la renta líquida que les pueden producir anualmente según regulación de peritos, es de presumir que habiendo vivido la mayor parte de sus ascendientes en Don Benito existan en la referida villa y su término; y que su producto líquido anual atendidas las circunstancias del País que es acaso el más feraz y productivo de la Provincia, no vale de los quince mil reales que gradúan los testigos, debiendo además tenerse a consideración que Don Pedro Donoso y sus hermanos heredarían por muerte de su madre otros ciento setenta mil reales cada uno.

Finalmente han contestado uniformemente los testigos de la información que han declarado con citación del Procurador Sindico general y Personero de Don Benito, que en la concesión de la gracia que solicitan el Don Pedro Donoso y sus hermanos, no se sigue perjuicio atender, ni otro inconveniente alguno.

En vista pues de que se hallan justificados en la forma que queda referido los extremos que previene la Real Cédula, entiende el Fiscal que el Real Acuerdo podrá evacuar el informe poyando la solicitud de los referidos Don Pedro Donoso y sus hermanos; ó resolverá como siempre lo más asentado. Cáceres 9 de Enero de 1819.

*** *** ***

Cáceres Enero once de 1819

Al Relator

Nota: Puesto en el Relator en el mismo día

Cáceres Febrero cuatro de 1819

Auto: Evácuese el Informe. Proveído en Acuerdo ordinario de este día y lo rubrica el Señor Decano de que Certifico.

Rúbrica: Pelayo

*** *** ***

Nota: Con fecha ocho de febrero se evacuó el Informe que copiado en el Libro de ellos, y con carta misiva se pasó al Señor Regente para su dirección a Don Juan Ignacio de Ayertaran, Señor de la Real Cámara acompañando la Real Cédula de diligencias de que a continuación se pone Certificación y las practicadas en su virtud en una pieza compuesta de ciento cuarenta y siete fosas. Lo que anotó para que conste.

Real Cédula El Rey: Presidente Regente y oradores de mi Audiencia de Extremadura que reside en la Villa de Cáceres, sabed que por parte de Don Pedro Donoso Cortés, Abogado de mis Reales Consejos, Don Manuel, Don Juan, Coronel retirado de Infantería de mis Reales Ejércitos, y Doña Vicenta Donoso Cortés, hermanos, y los tres últimos de estado solteros, vecinos labradores y granjeros de ganado lanar, yeguar y caballar de la villa de Don Benito, me ha sido hecha aclaración que en ellos concurren las circunstancias apetecidas por las Leyes para obtener la gracia de Privilegio de nobleza, por ser hijos legítimos y de legítimo matrimonio de Juan Donoso Cortés y Vicenta Recalde Pavón y cuarto nieto de otro Don Juan Donoso Cortés y Doña Isabel Paredes Palomo, vecinos que fueron de la villa de Campanario, en donde estuvo en opuesta y pacífica posesión de Caballero hijodalgo, disfrutando todas las gracias y prerrogativas que conforme a Leyes del Reino disfrutan los de esta clase y los descendientes de este que permanecieron en aquel pueblo lo han estado, y están actualmente Don Bartolomé y Don Gaspar Donoso, como procedentes por línea recta del expresado Don Juan Donoso Cortés, su cuarto abuelo, como todo resultaba justificado de las diligencias practicadas a instancia de Don Pedro Donoso Cortés, y deseando volver al goce de la nobleza de su citado abuelo concluyeron suplicándome que habiendo por presentadas las citadas diligencias tuviese a bien que de los seis Privilegios de nobleza concedidos para atender con su producto a la obra del Real Canal de Manzanares me dignase concederles una estando prontos a poner en quien se señalase la Cantidad de sesenta mil reales de vellón por esta gracia o como mi merced fuere. Cuya instancia se remitió de mi Real Orden a mi Consejo de la Cámara en donde el corriente para la calificación de las cualidades que deben de tener los que hayan de obtener esta clase de gracias. Y porque quiero saber que personas son los referidos Don Pedro, Don Manuel, Don Juan y Doña Vicenta Donoso Cortés, su calidad legitimación y la de sus padres y abuelos respectivamente, con quien están casados y emparentados, su legitimidad y calidad de sus respectivas mujeres si las tuvieren, como también la de sus padres y abuelos, en que puestos empleos y ocasiones han servido y también sus antepasados por ambas líneas, y así mismo sus hijos, con expresión de si los citados Don Pedro, Don Manuel, Don Juan y Doña Vicenta Donoso Cortés o algunos de sus ascendientes han sido penitenciado por el Santo Oficio o por cualquier otro Tribunal por causa o delito que irrogue infamia, que bienes o rentas goza cada uno de los dichos, en que villas o lugares están, cuanto producen en cada un año, que gravámenes, cargas y obligaciones tienen sobre si, y que cantidad líquida les queda también al año después de bajadas cargas, si serán suficientes para mantenerse y portarse con la descendencia que requiere la gracia que solicitan, y si de concederles la mesa de Privilegio de Hidalguía solicitan de Cámara algún perjuicio o más conveniente a quién y porque causa. Os mando que hagáis información de todo lo referido en la cual declaren testigos de toda excepción con los instrumentos conducentes auténticos y comprobantes a su mayor justificación la cual en manera que haga fe veintiséis cerrada y sellada a un Consejo de la Cámara dirigida a manos de mi sin que eso fuese, y de Gracia y Justicia, y citado de Castilla para en su vista presento que convenga. Y así mismo me informaréis reservada y separadamente sobre el particular todo lo que se os ofreciere y pareciere y tuviereis por conveniente.

Fecha en Palacio a veinte y siete de Octubre de mil ochocientos diez y ocho. Yo el Rey. Por mandado del Rey Nuestro Señor. Juan Ignacio de Ayertaran. Tiene tres rúbricas.

Es copia de su original. Cáceres ocho de Febrero de mil ochocientos diez y nueve.

Rúbrica: Don Bernardo García Pelayo.

6. Anexo III: Título de Castilla con la denominación de Marqués de Valdegamas a Don Juan Donoso Cortés [346].

"Creación

12 de Diciembre de 1846.

Doña Isabel segunda por la gracia de Dios y por la constitución de la Monarquía española Reina de las Españas. A vos Don Juan Donoso Cortés Fernández Canedo Recalde Pabón García de Paredes mi Secretario con ejercicio de

---

[346] La siguiente transcripción se corresponde con el texto del documento original, que se encuentra en el Archivo Histórico Nacional, Consejos, 8981, A.1846, Expediente 12.

Decretos y mi Gentil hombre de Cámara con ejercicio, Caballero Gran Cruz de la Real Orden americana de Isabel la Católica, Gran oficial de la Real Orden francesa de la Legión de Honor y Ministro de mi consejo Real. Ya sabéis que teniendo en conciencia vuestras recomendables circunstancias, y queriendo daros una prueba de mi real aprecio con motivo de mi efectuado enlace por mi real decreto de veinte y cinco de octubre último refrendado por Don Javier de Istúriz, Presidente de mi consejo de Ministros, he venido en haceros merced de título de Castilla para vos y vuestros sucesores, libre de pago, de lanzas y medias anatas con la denominación de Marqués de Valdegamas, en consecuencia para que esta gracia pueda tener en debido efecto, por el presente mi real Despacho declaro ser mi expresa voluntad que vos el referido Don Juan Donoso Cortés Fernández Canedo Recalde Pabón García de Paredes, vuestros hijos y sucesores nacidos de legítimo matrimonio por el orden de sucesión regular, cada uno en su respectivo tiempo y lugar, perpetuamente os podáis y se puedan llamar e intitular, llaméis e intituléis, Marqués de Valdegamas, como YO desde ahora os llamo nombre e intitulo. Por tanto mando a los Infantes, Prelados, Grandes de España, Títulos de Castilla, comendadores de las órdenes militares, Generales y Jefes de los ejércitos y Armada, Presidente y Magistrados del Tribunal Supremo de Justicia, Regentes y Ministros de las Audiencias, Jefes políticos, Jueces de primera instancia, Alcaldes y Ayuntamientos y a cualesquiera otras autoridades, corporaciones y personas particulares que os reciban, hayan y tengan, llamen e intitulen Marqués de Valdegamas. Así a vos el referido Don Juan Donoso Cortés Fernández Canedo Recalde Pabón García de Paredes como a vuestros hijos y sucesores nacidos

de legítimo matrimonio, por el orden de sucesión regular; y que os guarden y hagan guardar todas las honras y gracias y demás ceremonias que se acostumbran y deben guardar a los demás títulos del Reino tan cumplidamente que no os falte cosa alguna. Y respecto a que según los dispuesto por el señor Rey Don Felipe cuarto, debe preceder el título de Vizconde para las personas a quienes se concediese el de Marqués o Conde por otro, mi real Despacho de esta fecha os he dado el de Vizconde del Valle, que vos habéis elegido y designado; cuyo real Despacho en conformidad de las citadas disposiciones, queda roto y cancelado en el Ministerio de Gracia y Justicia para que no valga ni tenga efecto en tiempo alguno. Y por último declaro que la expresada merced de título de Castilla se entiende libre perpetuamente de servicio de lanzas y del derecho de medias anatas según os la tengo concedida; sin embargo, de lo cual se ha de tomar razón de este mi Real Despacho en la Dirección general de contribuciones directas de expedición por los títulos de Vizconde del Valle y Marqués de Valdegamas, sin cuya formalidad será de ningún valor ni efecto. Dado en Palacio a doce de Diciembre de mil ochocientos cuarenta y seis. Yo la Reina. El Ministro de Gracia y Justicia. Joaquín Díaz Caneja.
Esta conforme.
Rúbrica".

7. Anexo IV: Documentos.

183

Portada del diario "ABC" del día 9 de Mayo de 1953.
Fuente: Hemeroteca ABC.

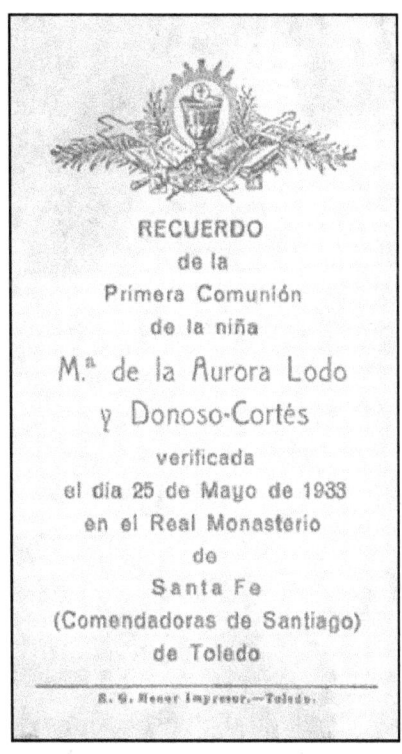

Recuerdo de la Primera Comunión de Doña María de la Aurora Lodo y Donoso-Cortés
Fuente: Cedida por Don Ricardo Donoso-Cortés y Álvarez-Miranda. Archivo privado del autor.

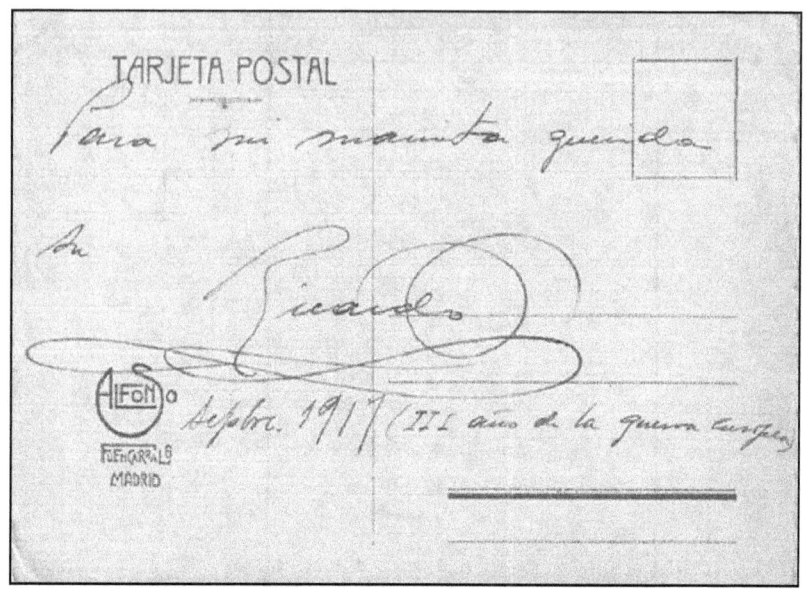

Tarjeta Postal de Don Ricardo Donoso-Cortés y Navarro dedicada a su madre, Doña Francisca de Paula Navarro Granado.
Fuente: Cedida por Don Ricardo Donoso-Cortés y Álvarez-Miranda. Archivo privado del autor.

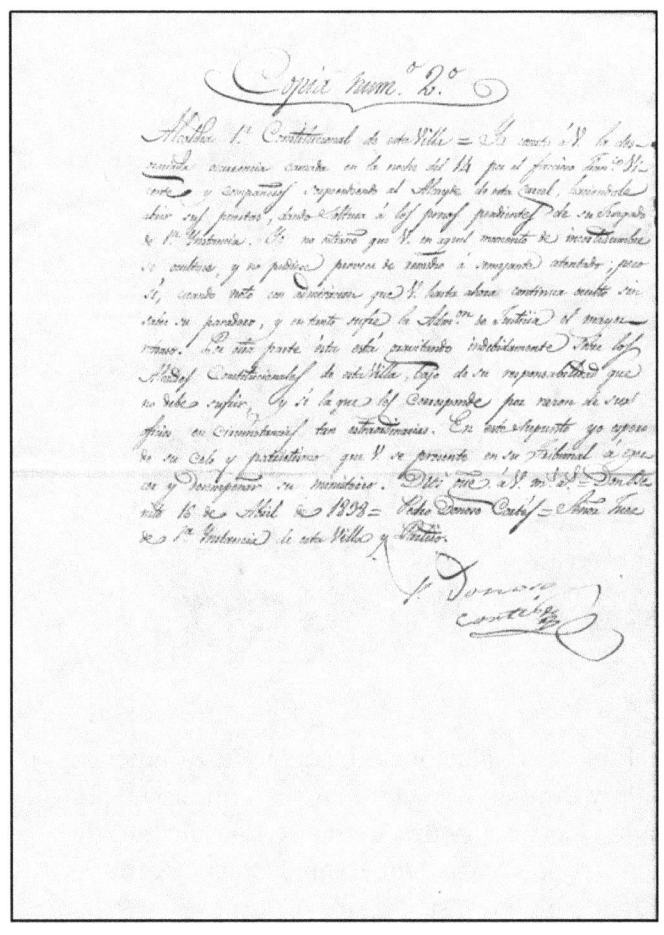

Documento en el cual D. Pedro Donoso-Cortés y Recalde Pavón ordena al Alcaide de la Cárcel de Don Benito que regrese a ocupar y desempeñar su ministerio, tras haber estado ocultado debido a una fuga de presos.
Fuente: Cedida por Don José Antonio Gutiérrez Ortiz. Archivo privado del autor.

8. Anexo V: Fotografías.

El Ministro de Educación Nacional, Joaquín Ruiz-Giménez Cortés, saludando y dirigiéndose al público, en un discurso a los ciudadanos de Don Benito, desde uno de los balcones de la Casa Solariega donde vivió Don Juan Donoso-Cortés y Fernádez-Canedo; también a su llegada a la casa el 9 de Mayo de 1953, con motivo del centenario de la muerte de Donoso-Cortés.

Fuente: Archivo privado del autor.

Placa conmemorativa con motivo del Centenario de la Muerte de Donoso, sita en la fachada de la Casa Solariega de la familia Donoso-Cortés, en la calle del mismo nombre, donde vivió Don Juan Donoso-Cortés.
Fuente: Archivo privado del autor.

Casa Solariega donde vivió el primer Marqués de Valdegamas y sus padres, sita en la calle Donoso Cortés número 6 de Don Benito.
Fuente: Archivo privado del autor.

Tarjeta máxima conmemorativa del Centenario de la Muerte del I Marqués de Valdegamas.
Fuente: Archivo privado del autor.

Fotografía del retrato de Don Juan Donoso-Cortés y Fernández-Canedo realizada por Alfredo Ara Martín. Fuente: Revista Don Benito. Archivo privado del autor.

Doña Teresa Gacía-Carrasco y Gómez-Benítez, esposa del primer Marqués de Valdegamas, miniatura de retrato propiedad de la Condesa de Santa Olalla.
Fuente: Revista de Estudios Extremeños.

Fotografía de Don Francisco Donoso-Cortés y Fernández-Canedo, hermano del primer Marqués de Valdegamas, realizada por Marciano Izquierdo y Pérez.
Fuente: Archivo privado del autor.

Fotografía de Don Francisco Donoso-Cortés y Fernández-Canedo, Senador del Reino y hermano del primer Marqués de Valdegamas.
Fuente: Familia Donoso-Cortés. Archivo privado del autor.

Retrato de Doña Elena Donoso-Cortés y Fernández-Canedo,
fundadora del Convento de las Carmelitas Descalzas de Don
Benito.
Fuente: Carmelitas Descalzas. Archivo privado del autor.

Don Ramón Donoso-Cortés y Navarro, Teniente Coronel de Infantería y delegado gubernativo de los partidos judiciales de Don Benito y Almendralejo.
Fuente: Biblioteca Pública "Francisco Valdés" de Don Benito. Archivo privado del autor.

Fotografía de Don Manuel Donoso-Cortés y García de Paredes.
Fuente: Archivo privado del autor.

Fotografía de Guillermo Donoso-Cortés y Donoso-Cortés.
Fuente: Cedida por Don Miguel Donoso-Cortés Esteve.
Archivo privado del autor.

Fotografía de Don Eusebio Donoso-Cortés y Donoso-Cortés junto a su esposa, Doña Aurora Núñez de Prado y Bermejo. Fuente: Cedida por Don Miguel Donoso-Cortés Esteve. Archivo privado del autor.

Fotografía de Don José Miguel Donoso-Cortés y Núñez de Prado (segundo empezando por la izquierda).
Fuente: Cedida por Don Miguel Donoso-Cortés Esteve. Archivo privado del autor.

Fotografía de Don Ricardo Donoso-Cortés y Navarro.
Fuente: Cedida por Don Ricardo Donoso-Cortés y Álvarez-
Miranda. Archivo privado del autor.

Fotografía de Doña María del Carmen Mesonero-Romanos y Barrón con su hijo, Don Ricardo Donoso-Cortés y Mesonero-Romanos, actual Marqués de Valdegamas.
Fuente: Cedida por Don Ricardo Donoso-Cortés y Álvarez-Miranda. Archivo privado del autor.

Fotografía de Don Ricardo Donoso-Cortés y Mesonero-Romanos, actual Marqués de Valdegamas, en el día de su Primera Comunión.
Fuente: Cedida por Don Ricardo Donoso-Cortés y Álvarez-Miranda. Archivo privado del autor.

Fotografía de Doña Manuela Donoso-Cortés y Martínez de Céspedes, hermana del IV Marqués de Valdegamas; con su hija Doña Carmen Ossorio y sus nietos Carlos y Benito Chías.
Fuente: Cedida por Doña Pilar Chías Navarro. Archivo privado del autor.

Fotografía de Doña Carmen Ossorio y Donoso-Cortés con sus hijos, Carlos y Benito Chías, en el año 1927.
Fuente: Cedida por Doña Pilar Chías Navarro. Archivo privado del autor.

Fotografía de Doña Carmen Ossorio y Donoso-Cortés y su esposo, el Coronel Don Rafael Chías Serrano.
Fuente: Cedida por Doña Pilar Chías Navarro. Archivo privado del autor.

Fotografía de Doña Carmen Ossorio y Donoso-Cortés, ya anciana.
Fuente: Cedida por Doña Pilar Chías Navarro. Archivo privado del autor.

Fotografía de Don Manuel Chías Ossorio y su esposa, Doña Carmen Navarro Caballero.
Fuente: Cedida por Doña Pilar Chías Navarro. Archivo privado del autor.

Fotografía de Doña Elisa de Torre-Isunza e Hita.
Fuente: Cedida por Don José Montilla de Mora. Archivo privado del autor.

Fotografía de Don Víctor de Fuentes del Río, marido de Doña Elisa de Torre-Isunza e Hita.
Fuente: Cedida por Don José Montilla de Mora. Archivo privado del autor.

Fotografía de Doña María Luisa de Torre-Isunza y Falcón.
Fuente: Cedida por Don José Montilla de Mora. Archivo
privado del autor.

Fotografía de Don Pedro de Torre-Isunza y Donoso-Cortés.
Fuente: Cedida por Don José Montilla de Mora. Archivo
privado del autor.

Fotografía de Don Pedro de Torre-Isunza e Hita.
Fuente: Cedida por Don José Montilla de Mora. Archivo
privado del autor.

Fotografía de Don Ramón de Torre-Isunza e Hita.
Fuente: Cedida por Don José Montilla de Mora. Archivo
privado del autor.

Fotografía de Don Pedro de Torre-Isunza González.
Fuente: Cedida por Don José Montilla de Mora. Archivo
privado del autor.

Fotografía de Doña María Francisca de Fuentes Torre-Isunza, descendiente de los Donoso-Cortés.
Fuente: Cedida por Don José Montilla de Mora. Archivo privado del autor.

Fotografía de Doña Araceli de Mora Fuentes, descendiente de los Donoso-Cortés.
Fuente: Cedida por Don José Montilla de Mora. Archivo privado del autor.

Agradecimientos.

- Excelentísimo Señor Don Ricardo Donoso-Cortés y Mesonero-Romanos, quinto marqués de Valdegamas.

- Don Ricardo Donoso-Cortés y Álvarez de Miranda.

- Don Miguel Donoso-Cortés Esteve.

- Doña Pilar Chías Navarro.

- Doña Mercedes Ojembarrena Botella.

- Doña Araceli de Mora Fuentes.

- Don José Benito Montilla de Mora.

- Doña Carmen Fernández-Daza Álvarez, Directora General del Centro Universitario "Santa Ana" de Almendralejo; Directora de la Biblioteca "IX Marqués de la Encomienda" de Almendralejo; décima marquesa de la Encomienda.

- Don Fermín Solano Casero, Párroco de la Iglesia de Santiago Apóstol de Don Benito.

Bibliografía.

-ARRANZ CASTELL, Dr. D. Félix: *Miscelánea*, 1990.

-CASADO VELARDE, Manuel: "Juan Donoso Cortés, 1809-2009 (bicentenario)", en Revista *Ventana Abierta*, Don Benito, 2009.

-CORTÉS GONZÁLEZ, Daniel: "El Caballero Don Narciso Cortés de Arévalo", Revista *Caramanchos*, nº 13, Grupo de Promoción del Folklore Extremeño "Caramancho", Don Benito, 2012.

-CORTES GONZALEZ, Daniel: "Aportes genealógicos de una familia dombenitense, los Donoso-Cortés", *Revista de Historia de las Vegas Altas*, nº4, Grupo de Estudios de las Vegas Altas (GEVA) / Asociación "Torre Isunza" para la Defensa del Patrimonio Histórico y Cultural de Don Benito, Don Benito, Junio 2013.

-FERRARY OJEDA, Álvaro: "Prof. Dr. D. Gonzalo Redondo Gálvez", en *Memoria y Civilización (MyC)*, número 9, págs. 7-9, Universidad de Navarra, 2006.

-GIMENEZ CABALLERO, Ernesto: *El Vidente*, Talleres Tipográficos de FE, Sevilla, 1939.

-GONZÁLEZ-DORIA Y DURÁN DE QUIROGA, Fernando: *Diccionario Heráldico y Nobiliario*, Trigo Ediciones S.L., Madrid, 2000.

-GUTIERREZ ORTIZ, José Antonio: *Biografías Dombenitenses (Entre los siglos XIX-XX)*, Concejalía de Cultura, Ayuntamiento Don Benito, 1999.

-MAYORALGO Y LODO, José Miguel de (Conde de los Acevedos): "Don Juan Donoso Cortés y su familia" en *Actas de los II Encuentros de Estudios Comarcales Vegas Altas, La Serena y La Siberia. Dedicados a la conmemoración del bicentenario del nacimiento de D. Juan Donoso Cortés*

(1809-2009), Federación de Asociaciones Culturales de La Siberia, La Serena y las Vegas Altas (SISEVA), Don Benito-Valle de la Serena, 2009.

-MIRA CABALLOS, Esteban: *Hernán Cortés. El fin de una leyenda*, Palacio de los Barrantes Cervantes S.L., 2010.

-PÉREZ CARRASCO, Antonio: *La esfinge de cristal*, ADEPA VALLE S, Valle de la Serena, 2009.

-RUIZ RODRÍGUEZ, Juan Ángel: *Don Benito durante la Guerra de la Independencia española (1808-1814)*, Concejalía de Cultura, Ayuntamiento Don Benito, 2008.

-SANCHEZ NIETO, Antonio: "Apunte histórico de "El Santo" Don Benito", Revista *I Centenario de la Parroquia de San Sebastián 1896-1996*, Junta Parroquial de San Sebastián, Don Benito, 1996.

-SCHRAMM, Edmund: *Donoso Cortés, su vida y su pensamiento*, Espasa-Calpe, Madrid, 1936.

-SUAREZ VERDEGUER, Federico: *Vida y Obra de Juan Donoso-Cortés*, Ediciones Eunate, Navarra, 1997.

-TEJADO Y RODRIGUEZ, Gabino: Obras de Don Juan Donoso Cortés, Marqués de Valdegamas. Volumen I & II, Sociedad Editorial de San Francisco de Sales, Madrid, 1891.

Fuentes Documentales y Orales.

-MAYORALGO Y LODO, José Miguel de (Conde de los Acevedos): *Movimiento Nobiliario Año 1931-1940*, Real Academia Matritense de Heráldica y Genealogía. (http://www.ramhg.es/index.php/secciones-fijas/movimiento-nobiliario-1931-1940).

-Archivo Histórico de Diputados (1810-1977) del Congreso de Diputados. (http://www.congreso.es/portal/page/portal/Congreso/Congreso/SDocum/ArchCon/SDHistoDipu).

-Certificación que acredita la remesa a la Cámara del expediente sobre si en Pedro, Manuel, Juan y Vicenta Donoso Cortés, concurren las circunstancias para obtener la Gracia de Hidalguía. Archivo Histórico Provincial de Cáceres.

-Expediente de viudedad a favor de Doña Antonia Carbonell y Segura, viuda de Don Eusebio Donoso-Cortés. 1876-1877. Archivo General de la Administración. 12/19480.

-Expediente de orfandad a favor de Amalia y Enrique Donoso-Cortés y Romero, huérfanos de Don Ricardo Donoso-Cortés y Barcenilla. 1894-1896. Archivo General de la Administración.12/19744.

-Expediente de orfandad a favor de Doña Elena Donoso-Cortés y Barcenilla, huérfana de Don Pedro Donoso-Cortés y Fernández-Canedo. 1888. Archivo General de la Administración. 12/19733.

-Boletín Oficial de la Provincia de Guadalajara, número 7, fecha 15/01/1886, página 7.

-Biblioteca Pública "Francisco Valdés" de Don Benito.

-Biblioteca Virtual de Prensa Histórica.

-Archivo General de la Administración (AGA).

-Archivo Histórico Provincial de Cáceres (AHPC).
-Archivo Histórico Nacional (AHN).
-Archivo Parroquial de la Iglesia de Santiago Apóstol de Don Benito.
-Archivo Municipal del Ayuntamiento de Don Benito.
-Archivo Privado de la familia Donoso-Cortés.
-Registro Civil de Don Benito.
-Registro Civil Único de Madrid.
-Registro Civil de Badajoz.
-Registro Civil de Badalona.
-Registro Civil de Barcelona.
-Registro Civil de Valladolid.
-Registro Civil de Toledo.
-Registro Civil de Oviedo.
-Registro Civil de Donostia-San Sebastián.
-Registro Civil de Melilla.
-Registro Civil de Cáceres.
-Familysearch.org, de la Iglesia de Jesucristo de los Santos de los últimos días.
-Cementerio Municipal "San Antonio" de Don Benito.
-Centro Universitario "Santa Ana" de Almendralejo. Biblioteca "IX Marqués de la Encomienda".
-Guía de forasteros en Madrid (para el año de 1866), Imprenta Nacional, Madrid, 1866.
-Familia Donoso-Cortés.